新 はじめて学ぶ メンタルヘルスと心理学

MENTAL HEALTH & PSYCHOLOGY

吉武光世
【編著】

窪内節子
山﨑洋史
岩瀧大樹
平澤孝一
【著】

学文社

まえがき

　近年人びとのメンタルヘルスへの関心がますます高まり，うつ病や発達障害，児童虐待，DVなど心の病やさまざまな不適応行動がごく一般の人びとの普通の会話の中に取り上げられることも珍しくなくなってきました。そして，学校にはスクールカウンセラーが，会社には産業カウンセラーがいることが当たり前の光景となり，心理臨床家への信頼もゆるぎないものとなりつつあるのを感じます。しかし，メンタルヘルスに関する情報があふれるなか，断片的な情報をうのみにし，誤った自己診断をして悩んでしまう，周りの人を正しく理解できずレッテル貼りだけに終始してしまい，人間関係がかえっておかしくなってしまうという弊害も看過できないものとなっています。このようなことから体系だった基本的な知識がますます重要となってきています。

　著者らは，大学で臨床心理分野の教育を担当する傍ら，中学・大学の相談室でのカウンセリングやメンタル・クリニックでの心理療法を長年にわたって実践してきました。これまでは医師やカウンセラーの指示に従って治療に専念するだけであった人たちが，最近では自分の症状をよりよく理解したい，自分が受けているカウンセリングについてもっとよく知りたいという希望を述べるようになってきています。また，心の問題を抱えて苦しんでいる家族や友達に対してどのように対応していったらよいのかについての質問も多くなってきています。本書は，こころの病を理解して自分の問題を解決する糸口を見出したい人たち，こころの問題を抱えている人びとに援助の手を差しのべようとしている人たち，よい人間関係を築きよりよく生きていこうとしている人たちの役に立ちたいという願いをこめて執筆されています。本書を読み進めながら，自分自身や周りの人びとの内面への理解を深め，対応の方法などについて考えていただければ幸いです。

　お陰様で，初版『はじめて学ぶメンタルヘルスと心理学』は出版より10年以上が経ち，12刷を発行するまでになりました。屋台骨がしっかりしていれ

まえがき

ば古くなった家でも壁や屋根を塗り替え,室内をリフォームするだけで新築同様に生まれ変わります。本書も基本的な章立ては残し,時代が変わり資料が古くなった部分は一部修正し,アメリカの精神医学会の診断基準が新しくDSM-5になり内容が今の時代にそぐわなくなった章は書き直すことで,また,著者として新進気鋭の臨床家が加わり新しい風を吹き込んでくれたこともあり,新しくより充実したものとして生まれ変わりました。

本書は大きく2部から構成されています。第Ⅰ部は,「新しい行動を身につける」,「知ることの仕組み」,「こころの発達」,「ライフサイクルとこころの危機」,「人と人との間」の5つの章から構成され,メンタルヘルスを理解するのに重要と考えられる心理学の基本的知識が学べるようになっています。第Ⅱ部は「こころを支える姿勢」,「こころを診る」,「病めるこころ」,「こころの癒し」,「こころと社会」の5章からなっていて,心理診断やこころの病,心理療法,人を援助する基本姿勢について具体例を交えながら解説するように心がけています。また,現在発展中の心理学や臨床心理学の知識を積極的に取り入れることや,視覚的な理解が得られやすいようにできるだけ図や表を用いるように配慮しています。

臨床心理学を勉強しようとする人たちを対象に,わかりやすく解説した入門書として編集されていますが,メンタルヘルスに関心をもっているすべての人に読んでいただけるように工夫しています。一人でも多くの方に読んでいただき,自己理解を深め,周囲の人をもよく理解し,対人関係をより円滑にし,精神的により豊かな生活を営む一助となることを心より願っております。

本書の出版にあたりお世話いただいた学文社の落合絵理氏に心よりお礼申し上げます。

2017年3月

吉武　光世

目　次

まえがき　i

第Ⅰ部　こころのはたらきを理解する

1　新しい行動を身につける──学習 …………………………………… 2

① さまざまな学習のタイプ　2

1. 古典的条件づけ（レスポンデント条件づけ）　2／2. オペラント条件づけ（道具的条件づけ）　4／3. 観察学習　6／4. 自律的学習　7

② 学習をうながすもの　7

1. 動機づけ　7／2. 動機と行動　8／3. 無気力の学習　10

> ──ぶれいく・たいむ──
> ごほうびがなくても学ぶことはできる…潜在学習　5
> どちらにしようか迷う時…葛藤（コンフリクト）　9

2　知ることの仕組み──認知・記憶 …………………………………… 12

① 認知メカニズム　12

1. 感覚遮断──刺激のない世界　13／2. 感覚の種類　14／3. 情報処理のモデル　15／4. 注意　16／5. パターン認知　16／6. 部分が先か全体が先か　18

② 記憶システム　19

1. 記憶の構造　20／2. 感覚記憶　20／3. 短期記憶　22／4. 長期記憶　23／5. 忘却　24／6. 知識の表象　25

3　こころの発達 ………………………………………………………… 27

① 乳児の関係性のはじまり　27

1. 人間の子どもの特殊性　27／2. 赤ちゃんの諸能力　28／3. 人間関係の始まり　30／4. 人とのむすびつき──アタッチメント（愛着）の形成　31

② 自己・自我の発達ということ──自分の発見　33

③ 自己意識の発達と深まり　35

1. 子どもの自立と反抗　35／2. 社会性の発達と道徳判断　36／3. 自己認識の深まりと統合　37／4. 成人・老年期の自己意識　39

iii

目　次

> ぶれいく・たいむ
> 野生児の研究　32

4　ライフサイクルとこころの危機 …………………………………… 41

① エリクソンの心理社会的発達理論　41

② 胎生期　43
1. 誕生まで　43／2. 胎児の発達に影響をおよぼすもの　43

③ 乳児期　44
1. 乳児期の特徴　44／2. 母性剥奪（マターナル・デプリベーション）　44／3. 自閉症スペクトラム障害（ASD）　46

④ 幼児期　48
1. 幼児期の特徴　48／2. しつけと子どものパーソナリティ　50／3. 子どもの虐待　51

⑤ 学童期　54
1. 学童期の特徴　54／2. 現代の子どもたちを取り巻く環境　54／3. 緘黙症　55／4. 学習障害（LD）　55／5. 注意欠如／多動性障害（ADHD）　57／6. 自閉症スペクトラム障害（ASD）　59／7. 不登校　60

⑥ 青年期　63
1. 青年期の特徴　63／2. いじめ　63／3. 非行　66

⑦ 成人期　71
1. 成人期の特徴　71／2. ドメスティック・バイオレンス（DV）　71

⑧ 中年期　73
1. 中年期の特徴　73／2. 中年期の危機　74

⑨ 高齢期　75
1. 高齢期の特徴　75／2. 喪失体験　76／3. 認知症　76／4. 死と死の受容　78

> ぶれいく・たいむ
> 赤ちゃんにも個性がある…乳児の気質　45
> クリーン作戦で犯罪を防ごう─割れ窓理論　68
> 別れの体験…対象喪失とモーニング　79

5　人と人との間──対人関係 ……………………………………… 80

① 個人の対人認知と対人関係の進展　80

目　次

　　1．感情の認知　80／2．パーソナリティの認知　81／3．対人関係の認知　82／4．対人関係の発展段階　84／5．対人関係の深化過程　85

②　説得的コミュニケーション　89

　　1．説得に影響する要因　90／2．説得の方法　90／3．説得のメカニズム　90／4．要請技法　92

③　帰属過程　93

　　1．対応推論理論　93／2．錯誤帰属　94／3．防衛的帰属　94

④　集団と人との関係　94

　　1．個人と集団の関わり　95／2．リーダーシップとフォロワーシップ　102

第Ⅱ部　こころを支える

6　こころを支える姿勢 …………………………………………………………… 110

①　カウンセリングとは　110

②　カウンセラーの姿勢　111

③　カウンセラーの倫理　112

④　治療の枠組み　113

⑤　カウンセリングの流れ　115

　　1．初回面接　115／2．中心期　115／3．終結　115

　　┌─ぶれいく・たいむ──────────────────┐
　　│専門家のこころも疲れきっている…燃え尽き症候群　114│
　　└────────────────────────────┘

7　こころを診る ………………………………………………………………… 117

①　パーソナリティとは　117

②　性格の諸理論　118

　　1．類型論　118／2．特性論　119／3．精神分析的なアプローチ　120

③　パーソナリティ理解の方法　127

　　1．パーソナリティ・アセスメント　127／2．心理検査法　129

④　知能検査と発達検査　140

　　1．知能とは　140／2．ビネー式知能検査　140／3．ウェクスラー式知能検査　141／4．集団式知能検査　144／5．高齢期の知能検査　144／6．発達検査　147

v

> ぶれいく・たいむ
> 血液型から性格がわかるか…血液型性格学　128
> 私は誰でしょう？…TST　138

8　病めるこころ ……………………………………………………… 148

① 心身症　148

1. 心身症とは　148／2. 発症のメカニズム　150／3. 心身症と性格　152／4. 子どもの心身症　153／5. さまざまな子どもの心身症　154

② 抑うつ障害　157

1. うつ病（大うつ病性障害）とは　157／2. 症状　157／3. うつ病の治療とその対応　159

③ 双極性障害群　162

1. 双極性Ⅰ型およびⅡ型障害　162／2. 双極性障害の治療とその対応　163

④ 不安障害とその周辺　163

1. 不安障害とは　163／2. 不安障害の背景　164／3. さまざまな不安障害　166

⑤ 精神病とその周辺　169

1. 精神病とは　169／2. 統合失調症　169

⑥ その他のこころの病　172

1. 転換性障害　172／2. 摂食障害群　174／3. パーソナリティ障害　179

> ぶれいく・たいむ
> 病気を作り出す人びと…ミュンヒハウゼン症候群　150
> 被害者は事件の後も苦しむ…PTSD（外傷後ストレス障害）　155
> うつ病は脳内変調によって起こる　160
> 新型うつ病？…従来の「うつ病」とどこが違う？　161

9　こころの癒し ……………………………………………………… 182

① 精神分析療法　182

1. 精神分析とは　182／2. 精神分析の方法　183／3. 精神分析の実際　183

② 交流分析　185

1. 交流分析とは　185／2. 構造分析　186／3. 交流パターン分析　187／4. ゲーム分析　189／5. 脚本分析　189

③ 行動療法　189

1. 行動療法とは　189／2. 行動療法の諸技法　190／3. 行動療法の特徴　193

④ 認知行動療法　195
　　1. 認知行動療法とは　195／2. 認知行動療法の枠組み　196／3. 代表的療法　197／4. カウンセリング過程　200

⑤ 来談者中心療法　202
　　1. 来談者中心療法とは　202／2. 来談者中心療法の理論　202／3. カウンセリングの技法　204

⑥ エンカウンター・グループ　206
　　1. エンカウンター・グループとは　206／2. エンカウンター・グループの具体的方法　206／3. エンカウンター・グループのプロセス　207

⑦ 森田療法　208
　　1. 森田療法とは　208／2. 森田療法における不安障害のメカニズム　209／3. 神経質の治し方：入院療法の実際　211

⑧ 箱庭療法　212
　　1. 箱庭療法とは　212／2. 用具　213／3. 箱庭療法の特徴　213／4. 理論的背景　214

⑨ 芸術療法　216
　　1. 芸術療法とは　216／2. 芸術療法の諸技法　217

　　┌─ ぶれいく・たいむ ─
　　│ からだとこころのリラックス…自律訓練法　194

10　こころと社会 …………………………………………………… 220

① 臨床心理学的地域援助の考え方　220
② 臨床心理学的地域援助の実際　223

　　┌─ ぶれいく・たいむ ─
　　│ 自分の力を信じよう…エンパワーメントとは？　224
　　│ 5人のわたし…エゴグラム・チェックリスト　225

引用・参考文献　227
事項索引　238／人名索引　242

第 I 部

こころのはたらきを理解する

第 I 部は，メンタルヘルスを理解するのに重要となる心理学の考え方や法則，諸説を中心に構成されている。

1 章では，不適応行動をも含めた私たちの複雑な行動を理解する枠組みとなる，学習の理論や動機づけについて学ぶ。

2 章では，私たちのまわりに洪水のようにあふれている情報を，取捨選択し，記憶していくという情報処理過程について考えていく。

3 章では，発達に関する諸説を概観する。

4 章では，それぞれの発達段階における特徴やその時期に直面するこころの危機について考える。

5 章では，親子，友達どうし，恋人どうしなどさまざまな人間関係について学んでいく。また，集団の果たす役割と集団の中での個人の行動について理解を深めていく。

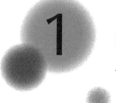

新しい行動を身につける
——学習

　ポイントをためるために同じ店で買い物をする，犬にほえられたのでその家の前を通らなくなった，テレビを見ているうちにいつのまにか主人公のくせがうつってしまったというように，私たちは日常さまざまな経験を積み重ねることによって，新しい行動を身につけていく。心理学でいう学習とは，このように経験や練習によって行動や認知が変わることである。この章では，人間の多様な行動が経験をとおしてどのように習得されていくのかについて学ぶことにしよう。

❶ さまざまな学習のタイプ

1．古典的条件づけ（レスポンデント条件づけ）

　これは，学習をするものがもともともっている刺激―反応の連合を利用して新しい刺激―反応を学ばせるもので，パブロフ（Pavlov, I. P.）のイヌの実験で有名である。図 1-1 のように，イヌにメトロノームの音を聞かせてからえさを与えるという手続きを繰りかえす。イヌは口の中にえさを入れられると自然にだ液を出しはじめる。この反応は，教えられなくても自然に生じることから，えさを，無条件でだ液の分泌をうながす刺激，無条件刺激とよび，だ液は無条件反応とよばれる。一方，メトロノームの音はえさとちがってイヌにとっては特別に意味のあるものではない。しかし，メトロノームの音を聞かせた後にえさを与えることを繰り返しているうちに，音を聞いただけでだ液が出てくるよ

1 新しい行動を身につける

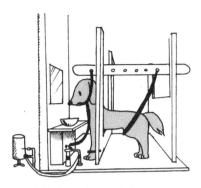

図1-1　古典的条件づけの実験装置（Yerkes & Morgulis, 1909）

【条件づけ形成以前】
メトロノームの音（条件刺激）　→　無反応
えさ（無条件刺激）　→　だ液分泌（無条件反応）
【条件づけ中】
メトロノームの音（条件刺激）
えさ（無条件刺激）　→　だ液分泌（無条件反応）
【条件づけ成立】
メトロノームの音（条件刺激）　→　だ液分泌（条件反応）

図1-2　古典的条件づけの成立

うになる。だ液を分泌することとは本来無関係であったメトロノームの音が，しだいにえさの信号のようになり，特別な価値を帯びてきたのである。このようにして，イヌはまったく新しい行動を獲得したことになる。メトロノームの音は，新しくだ液を分泌する刺激，条件刺激とよばれ，条件刺激によって生じただ液の分泌反応は条件反応とよばれる（図1-2）。

　では，イヌにえさを与えないで，メトロノーム音だけを聞かせ続けるとどうなるだろうか。イヌはしだいにだ液を出さなくなっていく。条件づけが成立するには，えさのような無条件刺激を繰り返して与えることが必要で，これを強化とよぶ。強化をともなわないで条件刺激だけを繰り返していくと，条件反応

は起こらなくなる。これを消去という。次に，イヌに，実験に用いたメトロノームとは拍数の異なるメトロノームの音を聞かせるとどうなるであろうか。イヌは実験の時と同じように，だ液を出すであろう。これは，般化といって，いったん条件づけが成立すると，もとの刺激と類似した刺激にまで反応が広がることによる。般化に対して弁別という現象がある。これは，はじめの条件刺激以外の刺激には反応が起こらなくなることである。

　このような条件づけの過程は日常生活でもよく見られる。たとえば，梅干を見ただけで口の中が酸っぱくなりだ液がでる，という現象を考えてみよう。これは梅干を口に入れると（無条件刺激），酸っぱくてだ液がでる（無条件反応）という自然に生じる反応に，梅干の色が条件づけられたことによる。

2. オペラント条件づけ（道具的条件づけ）

　オペラント条件づけについてはスキナー（Skinner, B. F., 1938）の研究がもっともよく知られている。スキナー箱（図1-3）とよばれる，レバーを押せばえさが出てくる箱の中に空腹のネズミを入れる。ネズミはじっとしている限り何も起こらない。しかし，箱の中を動き回っているうちに，偶然にレバーを押すとえさが出るという経験をする。このような経験の積み重ねにより，しだいにレバーを押してえさを食べるようになる。空腹のネズミにとって無条件刺激であるえさが，レバー押し反応と結びついていることが学習されたのである。レバーを押す操作は食欲を満足させる手段であることから，このような条件づけを道具的あるいはオペラント条件づけという。オペラント条件づけで重要な点は，条件づけられる反応が自発的に生じることと，レバーを押すとえさが出るというように反応には強化がともなうことである。

図1-3　スキナー箱（Keller & Schoenfeld, 1950）

強化の与え方は強化のスケジュールといわれ，5種類の基本形がある（表1-1）。

　私たちは，子どもが良いことをすればごほうびをあげ，悪いことをすれば罰を与える。このようなしつけの方法もオペラント条件づけ原理に基づいているといえよう（表1-1）。

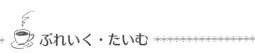 ぶれいく・たいむ

ごほうびがなくても学ぶことはできる…潜在学習

　学習には強化が必ず必要なのだろうか。このような疑問に答えるものとしてトールマン（Tolman, E. C., 1930）の実験がある。迷路学習時，ネズミは次の3グループに分けられた。A群：目標にはえさがない。B群：目標に到達すればいつも餌を与えられる，C群：最初の10日間は目標に餌がなく，11日目から餌を与えられる。実験の結果は図1-4に示されている。11日目からえさを与えられたC群は，えさを与えられるようになってから急激に誤りが少なくなり，最初から餌を与えられたグループよりも誤りが減少した。これはえさを与えられなかった10日間に何らかの学習が進行していたことによると考えられる。こうした学習は潜在学習とよばれる。

（吉武光世）

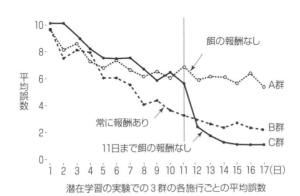

潜在学習の実験での3群の各施行ごとの平均誤数

図1-4　潜在学習のグラフ（Tolman & Honzik, 1930）
（梅本ら，1999, p.51 を一部改変）

第 I 部　こころのはたらきを理解する

表1-1　強化のスケジュール

強化スケジュール	強化の与え方	日常生活での例
連続強化	反応ごとに強化	自動販売機
定率強化	一定の反応数ごとに強化	セールス
変率強化	ランダムに強化	ギャンブル
定間隔強化	一定時間間隔で強化	月給
変間隔強化	不定の時間間隔で強化	魚釣り

3. 観察学習

　条件づけのように，学習するものが直接経験することによって学ぶことは時間がかかるし失敗も多い。ところが，私たち人間は，動物とは異なり，他人の行動を見たり体験談を聞くことによって多くのことを学習している。このような学習の方法を観察学習という。バンデューラ（Bandura, A.）は，大人のモデルが人形に乱暴するビデオを子どもたちに見せた。その際，子どもたちを3つのグループに分け，①モデルがほめられる，②しかられる，③賞罰なし，の異なったものを見せ，子どもの行動を観察した。図1-5のように，モデルがしかられるのをみたグループでは乱暴な行動が少なくなっていた。このように，モデルが賞罰の強化を受けるのを見聞きするという代理経験によって得られるものを代理強化という。

　観察学習が成立するためには，①学習する者がモデルの行動や結果に注意を向けること，②観察したことを記憶し，まとめて実行できるようにすること，③記憶されたモデルの行動を実行に移すこと，④強化が得られること，の4条件が必要であるとされている。父親がタバコを吸うのを見て喫煙をは

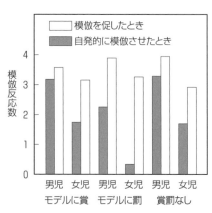

図1-5　代理強化の棒グラフ（Bandura, 1965）
（大山・杉本，1990, p.127）

じめる，母親がへびを恐がるのを見てへび嫌いになってしまうなど，私たちの日常生活のあらゆる場面で，観察学習は重要な役割を果たしている。

4．自律的学習

　人間の学習でもうひとつ特徴的なことは，セルフコントロールができることである。たとえば，私たちが作文を書くときのことを考えてみよう。たいていの人は自分の文章を読み返しながら，気に入らない場合は書きなおし，満足できる場合は書き続ける。これは，自分の中にある基準があり，その基準を満たせば満足が得られ行動が強化されることによる。このように，他者からの強化や承認にかわって自分の行動基準に照らして自分の行動を評価して，自身に強化を与えることを自己強化という。

❷ 学習をうながすもの

1．動機づけ

　何か事件が起こると，必ずといっていいほど，その動機は何か，ということが話題にのぼるが，私たちの行動の原動力となっているものを動機，あるいは要求，欲求，動因などとよぶ。空腹を満たしたいという動機があれば，食べ物が目標となり，食べ物を手に入れるために何らかの行動が生じる。このように，人や動物が目標達成行動にかりたてられる過程を動機づけという。動機づけには，行動を生じさせる機能，行動を方向づける機能，行動を統合する機能があると考えられている。

　動機には，食欲や渇き，性欲のように生命の維持や種の保存のために欠くことのできない基本的動機（一次的要求）と，競争に勝ちたい，良い地位につきたい，有名になりたいなど，社会生活の中から生じた社会的動機（二次的要求）がある。太平洋をヨットで横断するといったように，自分の利益に関係なく困

第 1 部　こころのはたらきを理解する

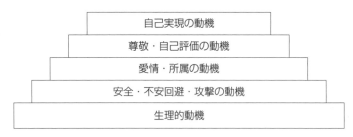

図 1-6　動機の階層（Maslow, 1962）

難なことを成し遂げようとするのは達成動機，人と仲良くしていたいというのは親和動機，いろいろなことに興味を示したり変化や刺激を求めるのは好奇動機とよばれる。

　マズロー（Maslow, A. H., 1962）は動機は階層構造になっていると考えた（図1-6）。人はこころの発達とともにより上層の動機をもつようになり，成熟した人間は成長への欲求でもある自己実現の動機をもつようになる。

2．動機と行動

　美味しい物を食べたい，流行の洋服を着たい，人から注目されたい，など私たちの欲求は際限なくひろがる。しかし，このような欲求がいつも満たされるわけではなく，欲求の実現を妨害する障害にぶつかることが往々にしてある。何らかの原因で目標を達成するための行動が阻止され，欲求がみたされない状態を，フラストレーション（欲求不満）という。

　フラストレーション事態では，怒りや不安などの情動的な緊張からさまざまな不適応行動が生じやすい。これをフラストレーション反応といい，次のようなものがある。

① **攻撃行動**：障害となった物や人に直接攻撃を向けることで，母親におもちゃを買ってもらえなかった子どもが，母をたたく場合などである。また，八つ当たりや弱いものいじめなど，別の対象に攻撃をむけることもある。
② **迂回行動**：回り道をして目標に到達しようとするもので，母に断られたので，

かわりに祖母に欲しいものを買ってもらうような場合。
③ **代償行動**：目標の代わりの物を得ることで満足することで，おもちゃのかわりにお菓子を買ってもらうような場合。
④ **退行**：指しゃぶりや泣きわめく，などのような幼稚な行動様式に逆もどりすること。

 ぶれいく・たいむ

どちらにしようか迷う時…葛藤（コンフリクト）

私たちの欲求には，両立は困難だが，どちらも重要で捨てがたいものがある。このように，いくつかの対立する欲求の間で，迷ったり，苦しんだりしている状況を葛藤（コンフリクト）とよぶ。葛藤状況には，次の3つの基本型がある。

① 接近―接近型の葛藤　入りたいと思っていた2つの大学に合格してどちらにいくかを迷うような場合で，同じ程度にプラスの誘因性のある目標の1つを選ばなければならない状態。

② 回避―回避型の葛藤　学校に行く時，右の道を選ぶといじめっ子に会うし，左の道を選ぶと大きな犬にほえられる，というような場合。同じ程度にマイナスの誘因性をもった2つの目標にはさまれて，どちらも避けたいがそれができず，いずれか一方を選ばなくてはならないような状態。どちらの目標からも逃れようとして，決定を延ばしたり，第3の目標に向かったりしやすく，①の場合より解決が困難になる。

③ 接近―回避型の葛藤　病気は治したいが手術が恐いというように，同じ対象がプラスとマイナスの両方の誘因性をもっている場合。このような時，人は接近傾向と，回避傾向のバランスのとれた位置で立ち往生する。

(吉武光世)

⑤ **逃避**：その場面から逃げたり，自分の殻に閉じこもり空想にふけること。
⑥ **固執**：むちゃ食いなど無駄な反応に固執しつづけること。

　フラストレーション事態であっても，必ずしもすべての人がフラストレーション反応を起こすとは限らない。現実的，合理的にその状況に対処し適応していける人もいれば，上にあげたような不適応行動に出てしまう人もいる。こうしたフラストレーションの状況にどの程度耐えられるかをフラストレーション・トレランス（欲求不満耐性）とよぶ。フラストレーション・トレランスを高めるには，幼児期から，すぐに欲求を満たすのではなく一定期間我慢することや，どうすれば苦痛を克服したり欲求を実現できるかという見とおしがもてるよう学ばせていくことが大切になる。

3. 無気力の学習

　同じ試験を何回受けてもいつも不合格になると，どうせやっても無駄だという気持ちが生じ，やる気がなくなってしまう。セリグマン（Seligman, M. E. P., 1967）は，イヌが電気ショックを回避する実験で，どのような行動をとってもどうしても電気ショックから逃れられない条件を設定した。そのような経験をしたイヌは，電気ショックが避けられる状況になっても，じっとして動こうと

表1-2　入学試験に失敗した理由づけ

次元	内的		外的	
	永続的	一時的	永続的	一時的
全体的	私は頭が悪い	私は睡眠不足だった	A大の試験問題はいつも難しすぎる	試験日は仏滅なので縁起がよくない
特異的	私は英語が苦手だ	英語の試験にはうんざりしていた	A大の英語の試験問題はいつも難しすぎる	受験番号は4番だった

しなかった。イヌが行動を起こしても電気ショックをコントロールできないことを学習してしまったのである。この現象は学習性無気力といわれる。

　成功・失敗という結果が何によってもたらされたかの信念は原因帰属といわれる。反応性うつ病は学習性無気力の考え方を適用し，原因帰属を用いて説明することができる。たとえば，「入学試験に失敗した」原因について表1-2のように3つの次元で考えてみよう。その時自分は睡眠不足だったと考えれば，次回は睡眠をよくとるようにすれば成功できると期待できる。しかし，自分は頭が悪いからと考えれば，次回も失敗するかもしれないと予測してしまう。失敗を外的なものより内的なものに，一時的なものより永続的なものに，特異的なものより普遍的なものに帰属した方が抑うつ状態はより重くなると考えられる。このようなことから，うつ病の治療には原因帰属を変化させることが有効と考えられている。

《さらに学習をすすめたい人のために》
山内光哉・春木豊（編著）　1985　学習心理学―行動と認知　サイエンス社
岩本隆茂・高橋憲男　1987　改訂増補　現代学習心理学　川島書店
篠原彰一　2008　学習心理学への招待〔改訂版〕　サイエンス社
松山義則　1981　人間のモチベーション　培風館

2 知ることの仕組み
――認知・記憶

　環境に適応すべく，私たちはさまざまな判断を下しながら行動を選択している。その判断に資する情報収集は，自分を取り巻いている環境から多くの刺激を受けとめ，外界を認識することからはじまる。外界からの刺激情報は，目や耳などの感覚器官を通して与えられる。その刺激情報の実体は，化学的・物理的エネルギーにすぎないが，さまざまな処理を受け，意識化され「認知」されることとなる。

　認知過程は刺激（S）と反応（R）の間に介在するものである。それは，私たちの行動を真に人間らしくしているものである。ここでは，これらのメカニズムについて概観することにより，人が行っている環境刺激の認知・情報処理と記憶について学んでいく。

❶ 認知メカニズム

　ナイサー（Neisser, U., 1982）は，「認知とは，情報の感覚入力を変換し，減らし，練り上げ，貯蔵し，再生し，利用する，すべての処理過程を意味している言葉である。さらに想像や幻覚の場合のような適当な外界からの刺激が存在しない場合でも，この処理過程が働いている。」と定義している。

　自然界で下等生物は，刺激（S）と反応（R）のパターンを繰り返しながら生存と適応のためにほとんどのエネルギーを使い果たしているが，人は溢れる情報の認知的処理によってそれを乗り越え積極的に現実を創造することができるのである。

2 知ることの仕組み

日常生活では，膨大な刺激情報が湧き溢れている。その情報には，自分に重要なものもあり，不必要なものもある。人は，どのようにして必要な情報を認識しているのであろうか。

1. 感覚遮断——刺激のない世界

さまざまな感覚刺激を受けながら私たちは生きている。感覚刺激の果たす役割がいかに不可欠で重要であるかを示すものとして感覚遮断実験があげられる。

ヘロン（Heron, W., 1957）は，被験者の学生に，防音室（空調機の単調な音以外は何も聞こえない）のベッドの上で何日でも，いたいだけ横たわっているように依頼した。ただし，目には半透明のゴーグル，両腕には筒状のカバーをはめさせた。食事と用便だけは許された（図2-1）。

この実験の結果，感覚の鋭敏化，幻覚，時間感覚の欠如，学習や記憶の減退などが次第に進み，感覚遮断が長びくほどこの傾向は顕著となり，広範な領域に及ぶことが明らかになった。

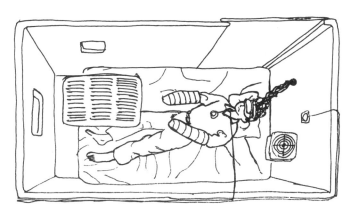

図 2-1　感覚遮断の実験（Heron, W., 1957）

2. 感覚の種類

　感覚は五官（感），すなわち視覚，聴覚，味覚，嗅覚，触覚に大別される。また触覚には，温覚，冷覚，圧覚，痛覚があり，まとめて皮膚感覚とよぶ。ほかにも，身体の方向や加速度に関する平衡感覚，身体の運動と位置に関する筋運動感覚，身体内部に関する内臓（有機）感覚などがある（表2-1）。

　感覚の種類の違いに応じて，感覚経験の性質も異なる。光の明るさと音の大きさは，まったく異なった経験である。このような感覚の種類による感覚経験の差をモダリティ（modality）とよび，同一の感覚内の経験の差を感覚の質（quality）とよぶ。臭いと色はモダリティの差であり，青と赤の差は感覚の質の差である。

表2-1　感覚の種類（丸山欣哉，1996）

分類は整理メカニズムの差異，モダリティ別に基づくが，これらが未決定の例も見られる。

個別感覚名	視	聴	嗅	味	皮膚 触(圧)・温・冷・痛	運動	平衡	内臓
受容器	網膜中の錐体と杆体	蝸牛内コルチ器官の有毛細胞	鼻腔上部の嗅細胞	味蕾に含まれる味細胞	皮膚・粘膜内の自由神経末端・各種受容細胞，対応は明確ならず	筋・腱内の紡錘体	内耳前庭器官の有毛細胞	各種内臓に付着する受容器
適刺激	輻射刺激（光）	機械刺激（音波）	揮発性有臭物質	水溶性物質	触(圧)：機械刺激　温・冷：輻射刺激　痛：すべての強大刺激（適刺激なし）	機械刺激	機械刺激	機械刺激　化学刺激
モダリティ	視覚（光覚・色覚）	聴覚（音）	嗅覚（匂い）	味覚（味）	触(圧)覚　温覚　冷覚　痛覚	？（圧覚の一種ともいえる）	？（経験をもたらさないともいえる）	？（特定の経験といえるかどうか）

3. 情報処理のモデル

　認知心理学では，こころのできごとをコンピュータシステムと類似した情報処理モデルに基づいて説明している。このモデルはすべての人は同じ情報処理システムを備えており，これにより環境の情報（刺激）を入力し，処理して出力（反応）すると考える。このシステムは，情報の入力・出力機構，制御（control）過程と3種類の記憶（memory）から構成されている。情報の入出力機構は，情報をシステムに取り入れたり，システムから送り出すときに働く。3種の記憶（感覚記憶・短期記憶・長期記憶）では処理過程で働くさまざまなデータが貯蔵される。制御過程は，システムの機能を遂行するそれぞれの段階よりなっており，たとえば代表的なものとして，感覚記憶と短期記憶の間における，「注意」と「パターン認知」があり，短期記憶と長期記憶の間においては，「チャンキング」，「リハーサル」等がある。

　図2-2は記憶系における情報処理モデルの一例である。環境からの種々の情報は感覚器官で受容され，信号に変換されて脳に伝達される。脳に伝わった感覚情報は，脳細胞により特徴が抽出され，すでに経験的にもっている鋳型との照合を通して認知される。

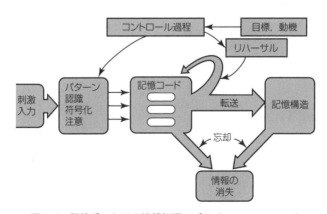

図2-2　記憶系における情報処理モデル（Bower, G. H., 1981）

4. 注意

　外界から五官（感）を経て入ってくる情報のすべてを処理することは不可能である。それをするには，環境にある情報の量はあまりにも膨大すぎる。そこで，情報のうち必要なものを取り入れるために行う制御過程が「注意」である。情報に注意を向けることで選択され入力されることを「カクテルパーティ効果」とよぶ。これは，パーティのような大勢の人がガヤガヤとした話し声の中で談笑しているときでも，自分が特定の人たちの会話にふと聞き耳を立てると，その内容を聞き取ることができる現象を指している。この研究は，注意選択の研究の発端になっている。

　人間の情報処理システムには，全体としての処理容量に限界があり，この点から，情報の選択メカニズムの存在が仮定されてきた。ブロードベント (Broadbent, D. E., 1958) は，左右の耳に別々に，同時に異なった情報を流して聞かせる聴覚を利用した実験を行った。その結果，2つの情報のうち被験者が注意を向けた（選択的注意）情報が入力され，逆に注意の向けられていない方への情報の入力は遮断された。すなわち注意選択を一方に対して行った場合，それは他方の情報入力を遮断するフィルターのように作用したのである。彼は，フィルターで濾過された情報だけが次の処理過程に入るものとした。ちなみに情報として新しい内容のものや高い音や強い刺激がこのフィルターを通り抜けやすい。

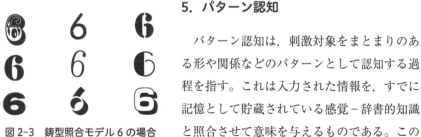

図2-3　鋳型照合モデル6の場合

5. パターン認知

　パターン認知は，刺激対象をまとまりのある形や関係などのパターンとして認知する過程を指す。これは入力された情報を，すでに記憶として貯蔵されている感覚－辞書的知識と照合させて意味を与えるものである。この

制御過程のモデルとして，鋳型照合モデルと特徴抽出モデルの2つがあげられる。鋳型照合モデルは，非常に単純な概念である。たとえば次の図2-3の記号は何を意味するだろうか考えよう。

答えは数字の6である。これはこの図のすべての文字パターンに対応する鋳型（原型）が記憶の中にあり，刺激パターンが6という特定の鋳型と一致したときに6という文字として識別されたということを示している。

特徴抽出モデルは，鋳型照合に特徴抽出作用を加えたモデルである。セルフリッジ（Selfridge, O. G., 1959）は，この説明にパンデモニアム（伏魔殿）モデル（図2-4）を提示している。この図には，4種類の悪魔（デーモン）が描かれ構成されている。最初は，外界情報のイメージを単に記録するイメージデーモン，

図2-4　パンデモニアムデーモン（Selfridge, 1959）

第 I 部　こころのはたらきを理解する

第 2 は，イメージを分析してその特定の特徴を探し出す特徴抽出デーモン，たとえば，与えられた情報イメージの中に直角や直線があるかどうかを捜し出す。第 3 は，認知デーモンであり，それぞれのアルファベットの対応するデーモンがいる。特徴抽出デーモンの動きを監視し自分が担当する文字パターンを発見したら大きな声を上げる。第 4 は，決定デーモンであり，一番大きな声をあげている認知デーモンを判定しパターンを認知するのである。

6. 部分が先か全体が先か

実際に日常生活で与えられる種々の情報は，すべてがあるがままに入力され，パターン認知されているわけではない。多くの場合，それ以前に経験した知識に基づいたものによって積極的な影響を受けている。ここでは，その認知におよぼすいくつかの効果をみていく。

(1) 文脈効果

単独で得る情報と，ある一定の文脈において得る情報では，その認知に大きな差異がみられる。たとえば図 2-5 においては，T と E の間にあるときは H，C と T の間にあるときは A と認知され，同じ文字が文脈においては THE CAT と認知されてしまう。これを文脈効果とよぶ。文字や図形の認知に強く

図 2-5　文脈効果
(Selfridge, 1959)

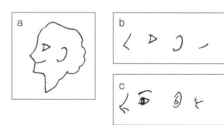

注）c のように部分がそれだけで認識されるためにはより細部のデータが必要とされる

図 2-6　部分が先か全体が先か　(Palmer, 1975)

影響する。またパルマー (Palmer, S. E., 1975) は図2-6を示し，この線画を顔と認知するとき，目・鼻・口・耳などの部分の認知が先に行われるのか，それとも顔という全体の認知が先なのかという課題を論じている。彼は，複雑な視覚対象の認知において部分と全体の解釈が同時に進行することを指摘している。

(2) トップダウンとボトムアップ

環境から与えられた情報が，文脈効果のように，その情報について経験し，すでに保有している知識が解釈を導き出す場合も多い。情報それ自体に含まれている情報のみでなく，経験的認知の枠組みによる処理は，トップダウン（上から下への処理）とよばれている。この効果は，図と地の分化が困難な情報の認識においてとくに効力を発揮する。しかし，期待はしばしば思いこみに通じる。「あばたもえくぼ」はまさにそれである。

一方，付与された情報のみで行われる情報の認知的処理は，たとえばパンデモニアムモデルのような感覚情報の特徴分析に基づく処理をボトムアップ処理（下から上への処理）とよんでいる。認知的処理の過程は，この2つの処理が同時に融合され進行していく。

❷ 記憶システム

記憶とは，外界からの情報を符号化し，覚え込む過程としての「記銘」，保持する過程としての「貯蔵」，思い出す過程としての「検索」の3つのプロセスのことである。この記憶の存在によって，過去から未来へ続く自己のパーソナリティの一貫性が保たれるのである。また現実場面での情報処理や適応行動を行うために，記憶の存在は，経験の貯蔵庫としての中心的な位置を占めている。情報処理システムの構成要素のひとつに3種類の記憶（感覚記憶・短期記憶・長期記憶）があることは先に述べた。

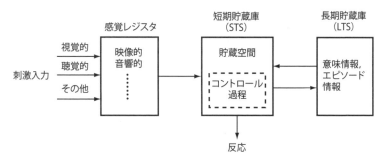

図 2-7　記憶の二重貯蔵モデル（Atkinson & Shiffrin, 1971）

1. 記憶の構造

　記憶の情報処理モデルは，感覚記憶（感覚情報貯蔵：SIS），短期記憶（STM）と長期記憶（LTM）の3つから構成されていると仮定される。例として，アトキンソンとシフリン（Atkinson, R. C. & Shiffrin, R. M., 1971）のモデルを図2-7に示す。

　まず環境から刺激情報が入力されると，感覚レジスター（感覚情報貯蔵）で瞬時に感覚イメージが保持される。そこで注意選択された情報の一部は，次の短期貯蔵庫（短期記憶）に伝達される。短期記憶では，そのままでは数十秒で情報が消失してしまうため，主にリハーサルによって能動的に処理され，一部の情報だけが長期貯蔵庫（長期記憶）に送られる。長期記憶では無制限に情報が保持されると考えられている。

2. 感覚記憶

　環境からの情報は，目や耳などの感覚器官を経て感覚記憶に入力される。感覚記憶では，一時的ではあるが，情報はなんら処理を受けずに正確に貯蔵される。これは次の記憶システムで十分に処理されるまでの時間，その正確なイメージを保持するためである。また感覚記憶の容量は無限と考えられているが，

入力された情報は急速に減退する。たとえば視覚的情報は約1秒，聴覚的情報承応は約4秒足らずで消失する。感覚記憶はそれぞれの感覚ごとに対応するものがあると考えられるが視覚（アイコニック）・聴覚（エコイック）記憶の研究が主になされている。

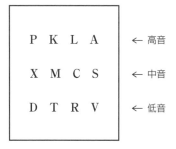

図2-8 部分報告実験の刺激例

スパーリング（Sperling, G., 1960）は，実験によって，視覚的な感覚情報貯蔵の存在を実証している。まず，被験者に50ミリ秒間だけ，図2-8のように3行4列に配置したアルファベット行列12文字を提示した後，どんな文字があったかを全部報告させた。この全体報告法の場合，平均で約4.5文字の正答であった。次に，刺激提示の後に高・中・低の信号音を聞かせ，高音は第1行目，中音は真ん中の行，低音は下の行という具合に対応する行のアルファベットのみを答えてもらうこと，すなわち部分報告法を行った。その際，どの行を答えてもらうかは事前に知らせてはいない。その結果，文字行提示後，即座に音が提示されると，平均で提示された行の3文字を答えることができた。つまり，音信号が出た時点では，12文字のうち少なくとも9文字（3文字×3列）はまだ利用可能な状態で残っていた。また図2-9は刺激提示から信号音までの時間的間隔を変化させたものである。時間間隔が1秒になると全体報告の結果と同じレベルになる。

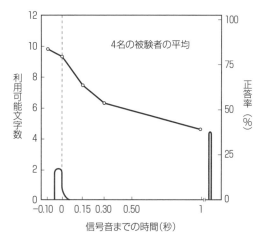

図2-9 スパーリングの実験（Sperling, 1960）

第 I 部　こころのはたらきを理解する

3. 短期記憶

　感覚記憶内の情報が減退して消失する前に注意選択されると，その情報は短期記憶に転送される。基本的には短期記憶内で情報は音響的な様相に変換される。短期記憶には容量的な限界があり，たとえば，せいぜい電話番号程度の桁数しか保持できない。ミラー（Miller, G. A., 1956）はこの容量を「7±2個」（マジカルナンバー7）であると説明している。これはメモリスパンあるいは直接記憶範囲とよばれるものである。7±2個は数字や文字とは限らず，ひとまとまりの記憶処理のユニット（チャンク）数である。たとえば「キリン」を例にとると，1つずつの文字を単位とすれば3チャンクであり，ひとつの単語とすれば1チャンクである。また短期記憶には，時間的な制限がある。一般に，情報は時間的減退や情報間の干渉により，数秒から約18秒以内に消失する。ただし心的な反復またはリハーサル（復唱）によって情報を更新させている場合には30秒程度の保持が可能である。ピーターソン（Peterson, L., 1959）は被験者に3個の子音（たとえば，GKB）を2秒間提示した後に，リハーサルさせないための暗記課題を一定時間与え，最後に3個の子音を思い出させた。図2-10はその結果である。記憶成績は情報の保持時間が長くなるに連れて急速

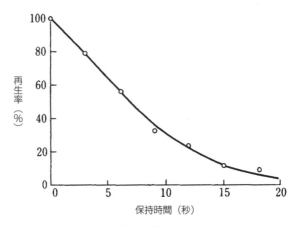

図 2-10　短期記憶の保持曲線（Peterson, 1959）

に低下し，18秒後には約90％は忘れてしまうことがわかる。

4. 長期記憶

長期記憶の容量は無制限である。ここでは非常に大量の情報を貯蔵することができ，情報は体系化される。また時間的経過によって情報が減退することはなく，半永久的に貯蔵されることとなる。しかし，情報が必要なときすばやく見つけられることが望まれ，それを検索する道筋が新しい情報によって干渉されたときその情報は消失すると考えられる。

(1) 短期記憶からの伝達と符号化

短期記憶から長期記憶への情報の伝達には，短期記憶においてリハーサル（復唱）を行うことと符号化を行うことが重要である。リハーサルには維持リハーサルと精緻化リハーサルの2種類がある。維持リハーサルは短期記憶内で行われ，たとえば口の中で数字を繰り返すことなどをして一時的な情報の保持に使われるが，それをやめた瞬間に消失してしまうことが多い。一方，精緻化リハーサルは，情報を意味的に関連づけたり，イメージを思い浮かべたりする操作のことで，情報が長期記憶に送られ，定着することとなる。

情報を長期記憶で安定させるためには，情報について何らかの構造化（体系化）をはかり，それらを統合させることが必要である。一般に，短期記憶での符号化は音響的であるのに対して，長期記憶では意味的な符号化がなされる。たとえば，記憶のための数字の語呂合わせ（「50810928341」の記憶のために「これはとくにやさしい」と符号化），物語化などによる関係づけ，視覚イメージ化，カテゴリー化などがあげられる。

(2) 貯蔵されている情報の検索

しっかりと覚えたのにどうしても出てこない（再生できない），すぐ喉元まで出てきているのに思い出せないといった現象は，日常たびたび経験することで

ある。これは長期記憶に貯蔵されている情報の検索が失敗したことによるものである。しかし，たとえば，なんらかのきっかけが手がかりとなり，貯蔵されている情報が突然浮かび上がり明確に思い出す（再認できる）場合も多い。これは，適切な検索手がかりの存在の有用性を示すものであり，検索において再生は再認よりも困難であることを意味している。

5．忘却

記憶は時間とともに減退することが多い。まったく思い出せなくなってしまうこともあり，内容が変化することもある。忘却にはいくつかの理論がある。

(1) 記憶自然減衰説

時間経過によって，記憶は次第に失われていく，学んだ知識はただ消え去るのみであるとする理論である。しかし，長期記憶の中には数十年も保持される事実や，ある部分に関しては鮮明に覚えているが，それ以外の部分は忘れ去っているというような事態は，この理論では説明できない。

(2) 干渉説

表2-2は言語学習における干渉を研究する場合の典型的方法を示している。何か新しいことが生じて干渉が生じない限り記憶したものはすべてそのままで

表2-2 言語学習における干渉を研究する場合の典型的方法

逆向抑制（逆方向に作用する）					順向抑制（順方向に作用する）				
群	学習内容	学習内容→課題Aのテスト			群	学習内容	学習内容→課題Bのテスト		
実験群	課題A	課題B	時間経過	悪い	実験群	課題A	課題B	時間経過	悪い
	↑（同程度に良く）↓					↑（同程度に良く）↓			
統制群	課題A	（なし）		良い	統制群	（なし）	課題B		良い

保持される。しかし干渉は日常的に生じており，記憶（記銘学習）を抑制するという理論である。干渉説における抑制は，影響する方向によって順行抑制と逆行抑制がある。

(3) その他の忘却を説明する説

忘却を説明する理論は他にも多くある。たとえば，自分にとって非常に不快な記憶，認知的不協和をともなう記憶，思い出すことによって苦痛が生じる抑圧していた記憶などは，無意識的に忘却されるという説明。また，意欲をもって遂行された作業がなんらかの事情で中断してしまい，はじめの目標が達成されない状態にある場合，中断された作業についての記憶は長く保持される傾向があるなど，動機づけと忘却との関係も示唆されている。

6. 知識の表象

長期記憶は情報・知識のデータベースともいえるだろう。その中で情報の体系化はどのようになされているのだろうか。

(1) 意味記憶とエピソード記憶

タルヴィング（Tulving, E., 1983）は長期記憶の多様な記憶内容を，形式や検索のしかたが異なる点に注目して，意味記憶とエピソード記憶の2つに分類した。意味記憶というのは，たとえばアヒルやカエルという言葉でその姿形などすぐ思い浮かべることができるような，単語やその意味，仮名や漢字，数学の方程式計算方法などに関する知識などのことであり，すでに記憶内にある定義を用いて意味づけのできる情報を指す。エピソード記憶とは，実際に経験した特定のできごとに関する情報，たとえば，「昨日，車で，日帰りスキーに行ってきた。」のように時間的・空間的に規定された事象や現象に関する記憶を指している。エピソード記憶と意味記憶は絶えず相互に作用し合っており，この二者間に明確な境界線を引くことは不可能である。

(2) 意味記憶ネットワーク

意味記憶は，意味的階層構造をなして保持されていると考えられる。意味記憶，すなわち知識を概念間の網の目のような結合として表現したネットワークモデルとよばれるものがある。その研究の発端となったものが，図2-11に示されるコリンズら（Collins, A. M. & Loftus, E. G., 1975）の意味記憶ネットワークモデルである。

記憶の検索に関しては，カテゴリーがひとつの有力な検索手がかりとなる。カテゴリーの階層構造を仮定したのが意味記憶ネットワークモデルである。図2-11をみてほしい，たとえば鳥は記憶内の概念であり，各概念にはその特性が記述されている。矢印が互いの関係をあらわしている。

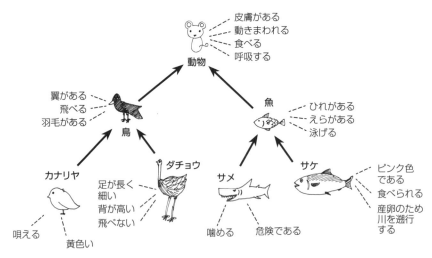

図2-11　意味記憶ネットワークモデルの一例（Collins & Loftus, 1975）

《さらに学習をすすめたい人のために》
森敏昭・井上毅・松井孝雄　1995　グラフィック認知心理学　サイエンス社
日本認知科学会編　1996〜　認知科学モノグラフ（全11巻）　共立出版

3 こころの発達

　人の一生は，受胎から死に至るまで，きわめて多様で複雑な様相を示しながら変化していく過程である。そのプロセスにおける大きな心理学的研究課題は自己・自我の発達といえる。ここでは自己意識の発達と人とのかかわりに焦点をあてて，こころの発達を考えてみよう。こころに関する発達の知識を身につけることで，いまその人が人生の歩みの中で発達的にどのあたりに位置し，いかなる自分の問題に直面しているかが理解できる。そしてその理解はそれらの問題への対応の手がかりとなるだろう。

❶ 乳児の関係性のはじまり

1．人間の子どもの特殊性

　人間の新生児の誕生を，他の哺乳類の動物と比較して系統発生的観点で考えるとき，ポルトマン（Portmann, A.）の考え方は大変示唆に富んでいる。ポルトマン（Portmann, 1951）は，人間の赤ん坊のもつ生物学的な特殊性を明らかにするために，動物を出生時の様相によって就巣性（巣に坐っているもの）と離巣性（巣立つもの）の２つに分けた。就巣性の動物は，鳥類ではスズメ，ツバメ等，哺乳類ではネズミ，ウサギ，イヌ等で，誕生後しばらくは目，耳などの感覚器官は役立たず，自分で立つこともできないといった非常に未熟な状態で生まれてくる動物をいう。一方，離巣性の動物は身体的にかなり発達した状態で生まれ，感覚器官や運動機能もかなり発達していて，自力での移動や栄養

補給ができる。これらの動物には，鳥類ではニワトリ，アヒル等，哺乳類ではウシ，ウマなどの有蹄類，サル，チンパンジー等の霊長類が属する。

　人間の赤ちゃんは系統発生的にみれば，霊長類の一種として離巣性に属する。ところが赤ちゃんの運動機能は未熟で，自力で歩行するのに1年以上の月日が必要であり，その間の一切の養育が親に任せられているという点で就巣性の特質を備えている。その一方で赤ちゃんは優れた脳と神経系を用いて，出生直後から積極的に環境と関わっており単なる就巣性の状態とは異なっているのである。ポルトマンは人間のもつこの特質を二次的就巣性とよんだ。このような特質により，人間の親子は誕生直後から，赤ちゃんも親も互いに相手に働きかけながら，ある関係を作っていくことが可能となっている。親からみれば，赤ちゃんは親なしでは一日たりと生きていけない就巣性的側面をもつ弱い存在ゆえに養育心が一層強められる。一方，赤ちゃんは離巣性的側面である優れた感覚機能を通して親を見分け，積極的に親との関係を維持していくために役立つ反応をしていくのである。

2. 赤ちゃんの諸能力

　最近の乳児研究から，赤ちゃんは生後まもなくから，環境を知覚したり，外界からの情報を取り入れたり，大人からさまざまな養育行動を引き出す等といった能力をもっており，周りの世界を認識していることがわかってきている。

　新生児はほとんど目が見えないと考えられてきたが，0.03程度の視力はあり，眼前20～30cmの物を見ることができる。この距離は，抱かれた時の母親の顔に焦点を合わせられることを意味する。赤ちゃんはこの注視行動を用いた選好注視法という方法で，新生児の頃から形や色彩を区別していることがわかっている。

　ファンツ（Fantz, R. L., 1963）によると，図3-1のようなさまざまなものを新生児に見せた結果，単純なパターンより複雑なパターン，平面より立体，無色より有色，単なる図形より人の顔をより長く注視するという結果を得ている。

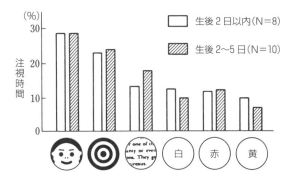

図 3-1　6種の刺激への新生児の注視 (Fantz, 1963)

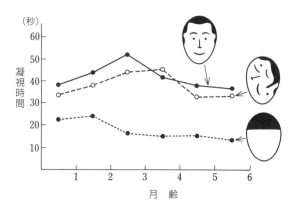

図 3-2　人の顔に対する乳児の凝視 (Fantz, 1961)

また，図 3-2 のように普通の顔，顔の部分がでたらめな顔，髪の毛だけの顔を乳児に見せたところ，普通の顔を凝視する時間が一番長いこともわかっている。

また，新生児は音の聞き分けができ，音源のほうへ顔を向けることもできるし，男性の低い声よりも周波数の高い女性の声により反応する。コンドンら (Condon, W. S. & Sander, L. W., 1974) の研究によると，相手の語りかけることばのリズムに引き込まれて身体の一部が同調して動く現象をエントレインメントというが，新生児にもエントレインメント現象がみられるという。しかし，このような反応は，機械的なタッピング音や，母音だけの連続音にはみられず，

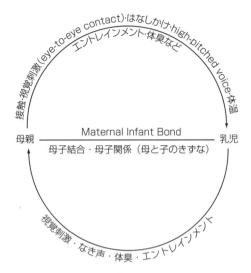

図 3-3　母子相互作用（Mother Infant Interaction）
（小林，1978；川端ら，1995，p. 44）

人の話しかけ，とくに女性の声に同調するという。すなわち新生児は他の母親から自分の母親の声を弁別し，母親の語りかけに反応して手足を動かし，その動きに対して母親が話しかける。これは，聴覚を介したコミュニケーションの始まりである（図3-3）。

3. 人間関係の始まり

新生児の視覚や聴覚がかなり発達していることはすでに述べたが，これらの感覚を通じて母と子の間に，情緒的なこころのきずな（Maternal-Infant bonding）を作っていく。クラウスとケンネル（Klaus, M. H. & Kennell, J. H., 1982）は，出産直後に母性を形成する感受期があり，その間の母子の初期接触がお互いを補足しあい，結びつけるという（図3-3）。たとえば，ハーロウ（Harlow, H. F., 1959）は，母親の針金製模型と布製模型を使った子ザルの実験で，より長く布製模型にしがみつくことを確かめ，スキンシップの大切さを示唆した。

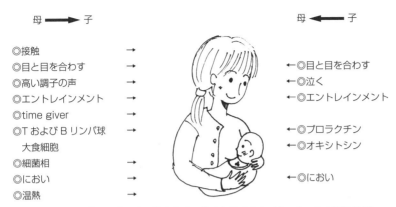

■乳児期　生後2カ月から1歳または1歳6カ月ごろまでをいう。この間に子どもは独歩を獲得し，簡単な言語によるコミュニケーションが可能になる。

図3-4　生後数日間に同時的に起こる相互作用
（Klaus & Kennell et al. 1995；竹内訳，2001, p. 94 を参考に作成）

メルツォフら（Meltzoff, A. N. & Moore, M. K., 1977）により，新生児でも大人が口の開閉や舌を出すしぐさを模倣し，大人の示す喜怒哀楽の表情を模倣することも報告されている。このように乳児は，感覚・運動機能をフルに働かせて，母親に向けて同調行動を示す。小林登（1983）は，このような母子相互作用を通じて，母子結合（母と子のきずな）を形成していくという（図3-4）。母子間の自然な抱く・飲ませる・話しかける，などの行動が相互作用となって成立する母子関係が基盤となって，将来の子どもの自立を促し，その後の多様な人間関係が築かれていくのである。

4. 人とのむすびつき──アタッチメント（愛着）の形成

3ヵ月頃から乳児は，自分の求めに応答してくれる母親に対して他の人とは異なる特別な反応を示すようになってくる。このような現象をボウルビー（Bowlby, J.）は，乳児と母親の間に形成された情愛の絆によるものであると考え，それをアタッチメント（愛着）とよんだ。乳児には，誕生直後から積極的

に対人関係を求めていくという能力が生まれつき備わっていて，自分の発信行動（泣き叫ぶ，ほほえむ，発声するなど）にタイミング良く反応してくれる成人に愛着を形成していく。やがて乳児はそれらの愛着対象（母親）への信頼感を基盤として，自分の探索できる世界を拡げ，自立した行動を発達させていくのである。乳児が愛着を形成するための行動とその機能は次の3種類に分けることができる。

① **定位行動**：母親の姿や動きを目で追い，声を聞くことによって，母親がどこにいるかという情報を保つことができる。
② **信号行動**：乳児の泣き，微笑，発声，身ぶりなどは，母親を乳児へと近づけさせる信号としての役目を果たす。

ぶれいく・たいむ

野生児の研究

　野生児研究とは，発達の初期に人間的環境から切り離された子どもに関する研究のことで，人間と動物，生得性と後天性，本性と教育可能性などといった観点から研究されてきた。

　1797年にフランスでアヴェロンの野生児と呼ばれる少年が捕獲された。少年を診察した医師は，少年は先天的な知的障害であり治癒する見込みは薄いと推測した。しかし，その結論に納得できなかった軍医のイタール（Itard, J.）が引き取り，ヴィクトールと名づけて正常な人間に戻すための教育が行われた。その結果，言語機能を獲得できず，社会性も限られた程度にまでしか回復できなかった。この実践からイタールは，発達初期経験の重要性を指摘しており，乳幼児期に人間的な環境を剥奪されると，正常な人間としての成長が難しいとの結論に至っている。

　一方で，1920年代にインドでシング牧師（Singh, J.A.L.）によって発見された野生児のアマラとカマラの逸話は，2人に関する詳細がシング牧師のみによって宣伝，報道されたものであったためその信憑性について多くの疑問が投げかけられている。このように，21世紀となった現代では，親や人間社会の養育を受けていない「野生児」を見つけ出すことは極めて困難となっている。

　しかし，これらの野生児の知見は，近年の児童虐待などによる母性剥奪，貧困などによる文化剥奪の問題に繋がっていると考えられる。　　　　（窪内節子）

③ **接近行動**：吸う，しがみつく，這う，歩くことによって，乳児は母親へと近づくことができる。

　以上のような信号行動を基盤にして，乳児は特定の対象に密着して身の安全を確保し安心感を身につけ，そのような愛着を基盤にして人間関係を結んでいくのである。乳児期に形成されるこの絆は永続的なもので，乳児のその後の人間関係にも影響を及ぼすとボウルビィは指摘している。

❷ 自己・自我の発達ということ——自分の発見

　最近の自己・自我に関する研究から包括的にみていくと，従来の子どもの発達段階の区分に応じて，焦点となる現象や課題を明らかにすることができる。すなわち，対象としての自己をどのように知覚するかが問題になる乳児期，自己主張に始まり，その抑制や統制が課題となる幼児期，自己の対象化および自己の意識の分化が進み，より確実な自己統制が可能となる児童期，そして自己の内面へと視点が向けられ，独自の自己の存在を問う青年期，成人期では他者との親密性，中年および老年期では将来への関心へと焦点が広がっていくといってよいだろう。

　既述してきたように，最近の乳児の研究から，乳児は環境の与えるものを受動的に受け入れて発達していく存在ではなく，積極的に環境に働きかけることのできる高いコンピテンス（有能さ，潜在能力）をもった存在であることが明らかになってきている。それでは，乳児は自分に気づき，自分ではない他者を意識しているのだろうか？

　生後間もない乳児は，母親とともに生きるいわば母子一体として存在し，自他や外界とは未分化な状態にいる。それが次第に母親は乳児の欲求を満たす存在ではあるが，いつも完全に乳児の欲求を満たすことは不可能であることから，乳児の内部に欲求不満が生じてくる。そこで母親が自分とは別の存在であることに気づいていく。このように乳児は「自分」という意識が発達する以前に「自

第1部　こころのはたらきを理解する

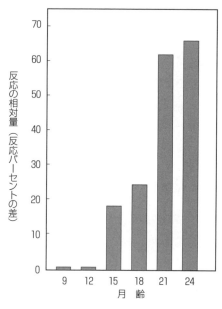

図3-5　鏡像を見ての鼻の紅染料にさわる割合
（鼻になにもつけない場合と，つけた場合との鼻にさわるパーセントの差）（Lewis & Brooks-Gunn, 1979, p. 41）
（無藤ら，1990, p. 213）

分でないもの」を認識していくことになる。

ルイースとブルックス-ガン（Lewis, M. & Brooks-Gunn, J., 1979）は，乳幼児に鏡に映った自身の姿を見せながら，その鼻に気づかれないように無臭の紅い染料をつけて様子をみるという実験を行った。そうすると，図3-5のように，1歳を過ぎた頃から，鏡に映る染料のついた鼻ではなく，自分の鼻の紅い染料を手で触わる行動がいちじるしく増える結果となった。これは鏡に映っているものが自分であることを認識している行動であるといえるだろう。

また，「私」や「他者」を指す記号としての名前の理解も，自己認識や他者認識の重要な側面であるといえる。植村美民（1979）によると，自分の名前が呼ばれて振り向くようになるのは1歳2ヵ月を過ぎたころからで，名前を呼ばれて自分を指すことができるようになるのは1歳7ヵ月ごろからだという。また，「これ，○○ちゃんの！」と自分の名前を使って要求することもできるようになるのは2歳を過ぎたころであるという。このように自分自身から自分の持ち物へと自己の領域を拡げながら，自他の境界が明確になっていくのである。

❸ 自己意識の発達と深まり

1. 子どもの自立と反抗

　1歳ないし1歳半から小学校入学前の時期がちょうど幼児期にあたるが，この時期は自立の時期といえる。すなわち，自他の区別がつくようになり，母親との共生段階から，幼児は独立した自己を形成する個性化の道を歩みだす。ところが一般に母親は幼児が2歳を迎えるころから排泄・食事などのしつけを始める。それまで自分の要求を満たしてくれた好ましく良い母親が，自分の行動を禁止したり，やりたくないことを強要する好ましくない悪い母親の側面を合わせもつ存在となってくる。その結果として母と子の間に対立や衝突が生まれてくる。第1反抗期とよばれるこの現象は，子どもが自己をはっきりと意識し，主張するという自我の発達上重要な意味をもつものである。第1反抗期の解消のされ方は，親子関係のあり方により異なる。母親が干渉的で何でも先取りし

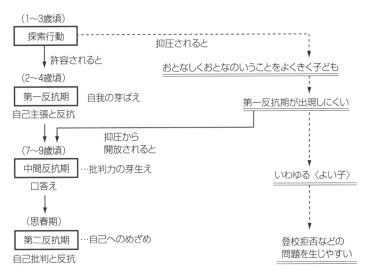

図 3-6　自我の発達の図式
(川端ら，1995, p.66)

てやってしまったり，なんでも禁止したりするような態度をとると，親の言いなりになったり，しつけの行き届いた「よい子」になるが，自信や自発性の乏しい子になる。反対に，親の力が弱く，子どもの要求をそのまま受け入れると，子どもは自己統制を学ぶことができずに，「わがままな子ども」になる。

2. 社会性の発達と道徳判断

　児童期は学童期ともよばれるように，子どもたちは学校・学級に出会い，広がる社会的環境の中で，多くの欲求阻止の状況を経験し，社会性や道徳性等，より確実な自己制御の力をつけていく。

　小学校中・高学年になると，4，5人の仲間が集団的・組織的に徒党を組んで活動的な遊びをするようになる。この時期をギャングエイジとよぶ。多くは，同性からなる児童集団で，自分たちだけで通用する暗号をつかったりするような閉鎖的で団結性が強く，時には他の集団や成人に対して対立的・秘密的な態度を示すこともある。このような仲間との集団活動を通して，集団への忠誠心や連帯感，役割意識の取得，社会生活に必要な規則の遵守等を学んでいくのである。

　ピアジェ（Piaget, J., 1930）は，子どもがゲームをし，そのゲームの規則を身につけていくことと，道徳判断との間に密接な関係があると考えた。すなわち，5歳以前は規則に固執することがなく，6歳ごろになると，年長者から言われる規則に服従するという形の他律的道徳性の段階に入る。その後10歳ごろになって規則を自分たちで考え，改変したり新しい規則を作ったりできるようになる自律的道徳性の段階に移行していくと考えた。ピアジェの道徳性発達研究の後継者であるコールバーグ（Kohlberg, L., 1969）は，ピアジェよりいっそう具体的に，道徳性の発達を生涯過程として示し，道徳性の判断は子どもの正義の概念の変化によって変わっていくと考え，6段階の発達段階を示した（表3-1）。

表3-1 道徳判断の発達段階 (Kohlberg, 1969)

前慣習的水準 子どもは自己の行動の結果に方向づけられている。	段階1. 苦痛と罰を避けるために，大人の力に譲歩し，規則に従う。
	段階2. 報酬を手に入れ，愛情の返報を受けるような仕方で行動することによって，自己の欲求の満足を求める。
慣習的水準 子どもは他者の期待，および慣習的な仕方で行為することに方向づけられている。	段階3. 他者を喜ばせ，他者を助けるために〈良く〉ふるまい，それによって承認を求める。
	段階4. 権威（親・教師・神）を尊重し，社会的秩序をそれ自身のために維持することにより，〈自己の義務を果たす〉ことを求める。
後慣習的水準 子どもは，さらに抽象的な道徳的価値と自己の良心に方向づけられてゆく。	段階5. 他者の権利について考える。共同体の一般的福祉，および法と多数者の意志により作られた標準に従う義務を考える。公平な観察者により尊重される仕方で行為する。
	段階6. 実際の法や社会の規則を考えるだけでなく，正義について自ら選んだ標準と，人間の尊厳性への尊重を考える。自己の良心から非難を受けないような仕方で行為する。

(村田, 1990, p.121)

3. 自己認識の深まりと統合

　青年期は，身体の急激な発達と性的成熟による予期しない変化を生み出してくる自己そのものに視点が向かっていく。自分自身に注目し，他者とは異なる存在としての自己を意識した時，強い孤独感を経験する。同時に，自分を真に理解してくれない周囲に対し，不満や苛立ちを感じる。このように青年の情緒は不安定で緊張している。

　エリクソン（Erikson, E. H., 1963）は，青年期の基本的な課題として自我同一性の獲得を挙げている。自我同一性とは，「自分とは何か」という疑問に答えて，過去からの自分の流れを認め，現実の中で自己を規定し，未来における自分を見つけ出していくことである。この過程で自我同一性が確立できない状況

をエリクソンは同一性拡散とよんだ。

自我同一性の達成度の測定方法として，質問紙の他に，マーシャ（Marcia, J. E., 1966）が開発した同一性ステイタス面接という半構造化された面接法がある。彼女は，同一性達成の課題である決定的な決断と選択の事態として，職業選択とイデオロギーをあげ，その2つの対処の仕方を見る規準として危機（crisis）と傾倒（commitment）を取り上げた。危機とは，自分の生き方について選択，決定するために迷い苦闘した探索期間であり，「傾倒」とは選択したものに対して積極的に関わっていこうという姿勢のことである。この2つの基準の有無の組み合わせから，表3-2のように，自我同一性の達成の程度を分類した。

表3-2 自我同一性地位（Marcia, 1966）

自我同一性地位	危機	傾倒	概　略
同一性達成 (identity achievement)	経験した	している	幼児期からのあり方について確信がなくなり，いくつかの可能性について本気で考えた末，自分自身の解決に達して，それに基づいて行動している。
モラトリアム (moratorium)	その最中	しようとしている	いくつかの選択肢について迷っているところで，その不確かさを克服しようと一生懸命努力している。
早期完了 (foreclosure)	経験していない	している	自分の目標と親の目標の間に不協和音がない。どんな体験も，幼児期以来の信念を補強するだけになっている。硬さ（融通のきかなさ）が特徴的。
同一性拡散 (identity diffusion)	経験していない	していない	危機前（pre-crisis）：今まで本当に何者かであった経験がないので，何者かである自分を想像することが不可能。
	経験した	していない	危機後（post-crisis）：すべてのことが可能だし，可能なままにしておかれなければならない。

（無藤，1979，p. 179）

4. 成人・老年期の自己意識

　ビューラー（Bühler, C., 1922）は，成人期をこれまでの人生目標を自ら再評価する時期といい，エリクソンは，成人期を援助・世話・指導などの社会的責任を新たに担う時期であると指摘している。彼らが指摘するように成人期は自分の人生を振り返る時期といえるだろう。しかし，この時期は両親の面倒をみなければいけない一方で，新しい価値観をもつ子どもたちの教育・育成の責任を担わなければならないなど，複雑な人間関係の板ばさみに出会うことの多い時期でもある。そういった意味で強いストレスにさらされ，老年期を前に死にゆく存在として寂寥感を感じる時期でもある。

　老年期は，喪失の時代といわれ家族，仕事，友人などとの別離の時代である。老年期の課題は死の受容である。キューブラー－ロス（Kübler-Ross, E., 1969）は死の受容に至るまでの心理過程を図3-7のように示した。しかし，否認，怒り，取り引き，抑うつ，受容が一定に生起するとは限らず，柏木哲夫（1983）によると，わが国の臨死患者では，怒りと取り引きはあまり見られず，受容が起きる場合とあきらめ（絶望的な放棄）との違いは人との交わりが提供されるかどうかによるという。

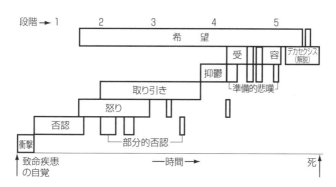

図3-7　死にゆく過程のチャート（Kübler-Ross, E., 1969）
（倉戸，1997，p. 193）

第1部　こころのはたらきを理解する

《さらに学習をすすめたい人のために》
坂上裕子・山口智子・林剛・中間玲子　2014　問いからはじめる発達心理学―生涯にわたる発達心理学　有斐閣
マイケル・ルイス・高橋惠子編　高橋惠子監訳　2007　愛着からソーシャル・ネットワークへ　新曜社

4 ライフサイクルと こころの危機

　一人では何もできない未熟な状態で生まれた新生児も，やがて子どもになり，大人になって年老いていく。胎生期から老年期にいたる人生の長い道のりを，私たちのこころは，さまざまな危機に直面し，それを乗り越え，発達していく。健康なこころの発達には，人間関係を含めた環境とのかかわりが重要になってくる。ここでは，生涯発達の観点から，人生のそれぞれの段階で直面する心理・社会的な問題について考えることにしたい。

❶ エリクソンの心理社会的発達理論

　エリクソン（Erikson, E.H.）は，フロイトの精神分析的発達理論（第7章参照）を基礎に，社会的・文化的視点を導入して独自の発達理論を展開した。エリクソンの理論の特徴は，パーソナリティの発達は，フロイトの理論のように乳幼児期に確立されてしまうのではなく，生涯にわたって続くとし，人生全体をその範囲に入れたライフサイクルとしてとらえたことにある。ライフサイクルには8つの段階があり，各段階には克服しなければならない心理・社会的危機とよばれる発達課題があるとされている（表4-1）。そして，それぞれの段階での発達課題を完全に解決しておかなければ，次の段階での発達課題をうまく処理することができなくなってしまうのである。

表4-1 エリクソンの心理・社会的発達段階（Erikson, 1950）

発達段階	A 心理・性的な段階と様式	B 心理・社会的危機	C 重要な関係の範囲	D 基本的強さ	E 中核的病理 基本的な不協和傾向
Ⅰ　乳児期	口唇―呼吸器的，感覚―筋肉運動的（取り入れ的）	基本的信頼 対 基本的不信	母親的人物	希望	引きこもり
Ⅱ　幼児期初期	肛門―尿道的，筋肉的（把持―排泄的）	自律性 対 恥，疑惑	親的人物	意志	強迫
Ⅲ　遊戯期	幼児―性器的，移動的（侵入的，包含的）	自主性 対 罪悪感	基本家族	目的	制止
Ⅳ　学童期	「潜伏期」	勤勉性 対 劣等感	「近隣」 学校	適格	不活発
Ⅴ　青年期	思春期	同一性 対 同一性の混乱	仲間集団と外集団：リーダーシップの諸モデル	忠誠	役割拒否
Ⅵ　前成人期	性器期	親密 対 孤立	友情，性愛，競争，協力の関係におけるパートナー	愛	排他性
Ⅶ　成人期	（子孫を生み出す）	生殖性 対 停滞性	（分担する）労働と（共有する）家庭	世話	拒否性
Ⅷ　老年期	（感性的モードの普遍化）	統合 対 絶望	「人類」 「私の種族」	英知	侮辱

（矢野ら，1991，p.58）

❷ 胎生期

1. 誕生まで

　女性の卵巣からは1ヵ月に1個の卵子が排出される。一方，男性の精子は1回の射精で約2億も射出されるという。このうち，たったひとつの精子だけが卵子と融合することができる。この卵子と精子の出会いが受精であり，新しい生命の誕生である。

　かつて，胎児は暗い母体内で静かにまどろみながら出生を待っている存在と考えられていた。しかし，最近の科学技術や医療の進歩により，子宮内の胎児や未熟児の様子が観察可能になり，胎児は母体にいるうちから種々の能力を備え，外界からの刺激にも反応していることが明らかになった。胎児は12週を過ぎると自動的に動くようになり，把握反射やバビンスキー反射など新生児にみられる反射の多くが出現する。この段階になると子宮の壁を通して胎児の心臓の鼓動を聞くことができる。24週の終わり頃になると感覚受容器ができあがり，外部の音に反応したり，苦い味に対して舌をつきだしたりする。飲み込んだり，消化したり，排泄したり，動き回ったり，親指をしゃぶったりするようになる。胎児はさらに成長を続け，母体内で豊かな能力を発達させ，人として生きていくための十分な準備をして，新しい世界に旅立ってゆくのである。

2. 胎児の発達に影響をおよぼすもの

　胎児の発達に影響を与える重要な因子として，母親の年齢，妊娠中の薬物の使用，栄養摂取の状況，母親の情緒的な状態などがあげられる。

　近年，20歳代の女性の喫煙率が上昇しているが，喫煙は受動的喫煙を含めて，健康な子どもを生む母体環境として問題がある。煙草に含まれているニコチンは，胎盤を通じて胎児にも移行し，母体より約5分ほど遅れて胎児にも影響が現れる。また，煙草の煙に含まれる一酸化炭素は自動車の排気ガスと同じ

くらいの濃度といわれ、それを摂取することで胎児は低酸素状態となる。結果として、流早産のリスクが高くなり、低体重児の出生率も高くなっている。慢性アルコール症の妊婦からは、胎児アルコール症候群といわれる異常児の出産がみられる。飲酒や喫煙の習慣がある女性は、このようなリスクを認識しておくことが大切である。

❸ 乳児期

1. 乳児期の特徴

　乳児期の心理・社会的危機は「基本的信頼」対「基本的不信」である。基本的信頼感とは、自分は人から愛されている、生きていればいつかは良いことがあるといった、養育者をはじめとする自分を取り巻く世界や自分自身に対する信頼感である。これは、母親（母親代理）との間にしっかりと安定したアタッチメント（愛着）を形成することを通して獲得される（第3章参照）。アタッチメントは、母親が赤ちゃんの要求に敏感に応答し、それに赤ちゃんが応えていくという相互作用の積み重ねによって形成される。このように、基本的信頼感を獲得した赤ちゃんは、その後人生で辛いことがあっても希望を失わずに生きていくことができる。一方、不信の感覚を身につけてしまった赤ちゃんは、人や世の中を信頼できなくなってしまう。

2. 母性剥奪（マターナル・デプリベーション）

　母性剥奪とは、乳幼児が母親（母親代理）から隔離されるなどで母性的な養育を受けられなくなることをいう。ボウルビー（Bowlby, J., 1951）は乳児院での研究から、乳幼児時期の早い段階で母性剥奪を受けた子どもは、精神遅滞、身体的成長の障害、情緒を欠いた性格障害、非行、深刻な悲痛反応など、さまざまな心身の発達障害を残すおそれがあると警告している。母性剥奪は、それ

ぶれいく・たいむ

赤ちゃんにも個性がある…乳児の気質

　生まれたばかりの赤ちゃんを見ると，どの赤ちゃんの行動も同じように思われる。ところが，赤ちゃんにも個性があることがわかってきた。トーマスら（Thomas et al., 1970）は，活動水準（運動の活発さ），反応の強さ，周期性（食事，排泄，睡眠の規則性），順応性（環境の変化に対する適応性）機嫌の良さなど9つの気質的特性から3つの気質類型をみいだした。

① 手のかからないタイプ（40％）…生活が規則的で，機嫌もよく，環境の変化にも適応しやすい。
② 何をするにも時間がかかるタイプ（15％）…活動水準が低く，反応が弱く，環境の変化に順応するのに時間がかかる。
③ 扱いにくいタイプ（10％）…生活リズムが不規則で，順応性が低く，泣いたり，ぐずったりしやすく機嫌が悪い。

　手のかからないタイプでは，どんな時にどんな養育行動をとればよいかといった予測がつきやすく，親の方で無理をする必要がないので，ますます扱いやすい行動特性を発達させていく。ところが，何をするにも時間がかかるタイプや扱いにくいタイプの場合，子どもの行動の予測がつきにくいので，適切に対応することが難しい。順応性が悪く，ぐずりやすく，なかなか泣きやまないので，親は育児に自信がもてなくなる。育児の困難さから，子どもへの愛情も薄められ，ますます適切な育児行動が取れなくなってしまう。このように，子どものもって生まれた気質は養育者の子どもに対する働きかけに影響を与え，それがまた子どもの性格形成に影響していく。子どもの健全な発達のためには，気質に配慮した養育態度が求められる。

（吉武光世）

が人生の早期であればあるほど，母親からの隔離期間が長ければ長いほど，その影響は深刻である。スピッツ（Spitz, R. A., 1945）も施設に収容された乳児の研究を行い，子どもたちに，無関心，不幸感，微笑やあやしに対する無反応や発達遅滞がみられることに注目し，これを，ホスピタリズム（hospitalism）とよんだ。また，生後6～12ヵ月の乳児が母親から離された時に示すうつ状態を「アナクリティックうつ病」と名づけた。

3. 自閉症スペクトラム障害（ASD：Autism Spectrum Disorder）

育児に取り組んでいる母親にとって，子どもの笑顔は最高のごほうびである。しかし，どんなにあやしても，話しかけても反応しない，抱かれやすい姿勢をとらないため砂袋を抱いているように感じる，音への反応が鈍い，両腕を羽ばたく，発語がないか言葉が遅いなどといった症状を見せる子どもたちがいる。

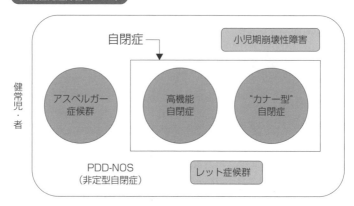

図4-1　広汎性発達障害と自閉症スペクトラム障害の違い
（原仁編，2014，p.54）

このような症状はアメリカ精神医学会の診断基準 DSM-Ⅳ-TR ではアスペルガー症候群（5節6.参照）などと同様に広汎性発達障害の中に位置づけられ，自閉症とされていた（図4-1）。しかし，2013年に診断基準が改訂され（DSM-5），新しく自閉症スペクトラム障害（ASD）という用語が用いられるようになり，診断基準も変わった。スペクトラムとは連続体という意味で，ASDは知的障害をともなう自閉症，高機能自閉症，アスペルガー症候群を中心とした症状からなり，各症状が独立したものでなく連続的に分布するものとして考えられ（図4-1），それぞれの子どもがどの程度日常生活に支障をきたしているかを判断し，よりきめ細かい支援を展開していくのに有用なものとなっている。

ASDの特徴は次のとおりである。

① 対人コミュニケーションや対人的相互交流の困難さ
・他者と社会的なやり取りを行ったり気持ちを伝えあったりすることが困難である（興味や感情を他者と共有することが少なく，正常な会話ができにくいなど）。
・言葉を用いないコミュニケーションが困難である（アイコンタクトやボディ・ランゲージの異常，表情や身振りの欠如など）。
・仲間関係を発展させたり，維持したり，理解するのが困難である（人への関心が乏しい，視線があわない，呼びかけに応じない，模倣行動をしないなどから友達を作ることが困難）。

② 行動と興味の狭さ・反復性，常同性
・常同行動を繰り返す（ひもや手をひらひらさせる，上半身を前後にゆする，おもちゃを並べる，その人独自の言い回しをするなど）。
・同じことへの固執，習慣や儀式的パターンへのこだわり（儀式的動作の繰り返し，同じ道順や同じ食べ物へのこだわり，環境の細かな変化への抵抗など）。
・極限的で固着した興味（あまりほかの子に見られないような細かい特定の物事に関する強い関心やこだわり）。
・特定の感覚の過敏さや鈍麻さ（痛み，冷たさへの無反応，特定の音や感触に対する拒絶反応，過度に物のにおいをかいだり，触ったりすることなど）。

```
┌─ 援助方法 ─────────────────┐
│  母子関係の強化           │
│    人とのかかわりの基礎作り │
│  専門家の協力             │
│    医師，教育，心理，社会福祉，保育の専門家 │
│  親へのカウンセリング     │
│    親を支えていく         │
│  療育への参加             │
│    小集団へいれる         │
└───────────────────────┘
```

図 4-2　自閉症児への援助
（新井，1997，p. 181 より）

　自閉症の原因は，母親の不適切な養育態度にあるとされた時期もあったが，現在では，先天的な脳機能障害による発達障害とされている。

　ASDの場合，発達の各段階で養育者からの発達支援を受けにくく，発達障害が加重されやすいので，母子双方に対して早い時期から総合的な発達を目指す援助が望まれる（図 4-2）。

❹ 幼児期

1．幼児期の特徴

　1歳ないし1歳半から就学までの期間を幼児期という。この時期，運動能力の高まりは目覚しい（図 4-3）。子どもは，ヨチヨチ歩きの段階から，走ったりスキップしたり，さらに階段などから飛び降りることができるようになる。また，ボール投げをしたり，三輪車に乗って遊ぶようにもなる。三輪車は，両親からの自立を促し，遊び仲間との同一視を象徴するものとして，心理学的に大きな意味をもっているといわれている。

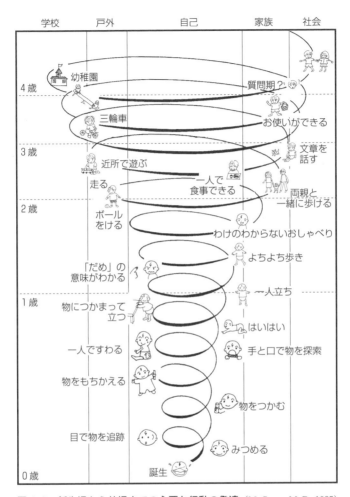

図4-3 新生児から幼児までの主要な行動の発達 (McGraw, M. B., 1935)

　言語の発達も目覚しく，4歳ころまでに言語の基礎が確立され，文法規則に基づいた文章が作れるようになる。これによりまわりとのコミュニケーションが可能になり，自分の欲求を表現し，周囲の事柄を理解するようになり，子どもの世界は広がりをみせる。
　幼児期の生活の大半は遊びで占められている。乳児期の遊びは，スプーンを

たたいて音を立てたり、ひもを引いて物を揺らすといった感覚運動的遊びの範囲にとどまっていたが、この時期には、床をはく"ふり"をしたり、箱を自動車に"見たてたり"、ままごとのように大人の活動を模倣する"ごっこ遊び"を含む象徴遊びが始まる。子どもには現実の事象が存在しなくても象徴的な操作が可能となるのである。象徴遊びが発展してくると、空想の中で先生やパイロットなど自分がなりたいものになったり、空想の友だちを作り、現実の友だちの代わりにしたり、自分の失敗の責任を転嫁したりするようになる。遊びの中で現実生活では満たすことのできないさまざまな欲求を満たしたり、自分に都合の良い状況を演じることにより不安や恐怖を解消したり、不快感や敵意を発散させたりする。子どものための心理療法として遊戯療法が用いられるのは、子どもは遊びを通して現実には表出できない感情を発散でき、こころの安定を得ることができるからである。

2. しつけと子どものパーソナリティ

　この時期の重要な課題のひとつはしつけである。幼児期前半は、食事、排泄、衣服の着脱などの基本的生活習慣の確立のためにしつけが行われる。後半は、その社会で受け入れられる望ましい行動をのばし、不適切とされる行為を抑制し、社会の文化的規範や価値を習得していくことが目的となる。
　しつけのあり方は、子どものパーソナリティ形成や道徳性発達に大きく影響すると考えられる。サイモンズ（Symonds, P. M., 1937）は、親の養育態度を、保護-拒否、支配-服従という2次元に分類し、子どものパーソナリティとの関係を検討し（図4-4）、理想的な養育態度はこれらのどれにも傾かない中庸型であるとした。ただ、子どものパーソナリティ形成には、親の養育態度以外にも、家族構成、出生順位や兄弟関係、社会階層などさまざまな要因が複雑に関与しているので、このような養育態度で育てれば必ずそのような性格の子どもになるというわけではない。
　最近では、時間軸を考慮に入れて親子の相互作用を検討する方向で研究がす

4 ライフサイクルとこころの危機

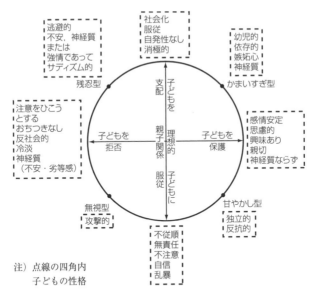

図 4-4 親の養育態度と子どもの性格 (Symonds, 1937)
(宮城, 1960；新井編, 1997, p.45)

すめられている。

3. 子どもの虐待

　最近，子どもが言うことを聞かないので，シャワーで熱湯を浴びせやけどをさせた，ご飯を食べさせないで何日間も部屋の中に閉じ込めたら栄養失調で死亡してしまった，というような子どもの虐待に関する報道があとをたたない。このように，子どもが親またはそれに代わる保護者から肉体的あるいは精神的な暴行を加えられることを児童虐待といい，2000年には，虐待防止を目的とした児童虐待防止法が制定された。ここでは虐待は，①暴力により身体に外傷を生じさせる身体的虐待，②子どもにわいせつ行為をするまたはさせる性的虐待，③子どもの発達と健康に必要な衣食住の世話をしない，病気や怪我の時に必要な医療を受けさせない，保護者以外の同居人の身体的虐待や性的虐待，心

理的虐待の放置など，養育の拒否・保護の怠慢（ネグレクト），④子どもへの暴言，拒絶的対応，家庭における配偶者に対する暴力など子どもに心理的外傷を与える言動を行う心理的虐待の4種類とされている。

児童虐待が問題にされるようになったのは，アメリカの医師が幼児の異常な骨折の事例を報告したことによる。わが国の虐待の実態は，1973年の調査では26件であったのが，年々増加の一途をたどり，2015年には，10万3,260件（速報値）に上っている（図4-5）。虐待の内容は表4-2のとおりで身体的虐待が一番多く，近年は心理的虐待の割合も増加している。これは，心理的虐待についての理解が一般に浸透し，これまで虐待と考えられていなかった行為も虐待と認知するようになったことによると考えられる。

虐待する親の特徴については，わが国ではまだ詳細な調査がなされていないが，アメリカでの研究によると，親自身も幼少時に虐待された経験をもつことが多く，自分と親との間で体験したことを，自分の子どもとの間で繰り返して

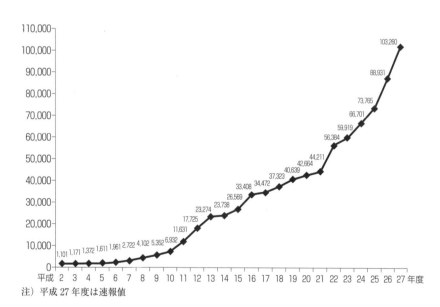

図4-5　児童相談所での児童虐待相談対応件数の推移
（厚生労働省，2016a）

表4-2 児童相談所での虐待相談の内容別件数の推移

年度	身体的虐待	ネグレクト	性的虐待	心理的虐待	総数
2008	16,343 (38.3%)	15,905 (37.3%)	1,324 (3.1%)	9,092 (21.3%)	42,664 (100.0%)
2009	17,371 (39.3%)	15,185 (34.3%)	1,350 (3.1%)	10,305 (23.3%)	44,211 (100.0%)
2010	21,559 (38.2%)	18,352 (32.5%)	1,405 (2.5%)	15,068 (26.7%)	56,384 (100.0%)
2011	21,942 (36.6%)	18,847 (31.5%)	1,460 (2.4%)	17,670 (29.5%)	59,919 (100.0%)
2012	23,579 (35.3%)	19,250 (28.9%)	1,449 (2.2%)	22,423 (33.6%)	66,701 (100.0%)
2013	24,245 (32.9%)	19,627 (26.6%)	1,582 (2.1%)	28,348 (38.4%)	73,802 (100.0%)
2014	26,181 (29.4%)	22,455 (25.2%)	1,520 (1.7%)	38,775 (43.6%)	88,931 (100.0%)
2015	28,611 (27.7%)	24,438 (23.7%)	1,518 (1.5%)	48,693 (47.2%)	103,260 (100.0%)

(厚生労働省, 2016a)

いる（世代間伝達）といわれている。

　虐待を受けた子どもの状況に関しては，2005年に行われた東京都の調査が参考になる。被虐待児の男女比では男子が女子よりもやや多くなっている。年齢では，3歳児が一番多く，3歳から9歳までの子どもが全体の半数強となっている。被虐待児の特性では，特別な事情のない子どもの割合が増加し全体の約半数を占めている。何らかの特性のある子どもの中では，非行などの「問題行動」や，「知的発達の遅れや障害」，「親との分離体験」，「性格的偏り」の順に多くみられる。

　虐待を受けた子どもは，不安やおびえ，うつ状態などの「情緒的・心理的問題」を示すことが多く，心理面での援助が必要となる。保護者との分離が必要

な深刻な事例もあるが，虐待を受けても，虐待を行った親と同居したいと望んでいる子どもが多く，施設に保護する場合は子どものこころに与える影響に十分配慮し，慎重に対応することが大切である。また，母親の相談役になるなど，保護者への援助も不可欠である。

❺ 学童期

1. 学童期の特徴

　学童期とは，6歳から小学校を卒業する12歳までの期間をさす。この時期，子どもの生活の中心は家庭から学校へ移っていき，仲間関係が重要になってくる。教師や仲間との新しい人間関係が展開され，それを通して，適切な性役割の獲得や自己概念の形成がなされ，道徳性も発達していく。また，幼児期の遊び中心の生活に対して，勉強などが大きなウエイトを占めるようになり，知的技能の獲得にエネルギーを注ぐようになる。ピアジェ（Piaget, J.）が操作とよぶ能力を身につけ，保存，分類，結合の概念を獲得し，科学的推理を行うことができるようになる。言語発達も目覚しく，自分が経験したことのないような事柄も書物を通して習得できるようになり，言葉による理解がなされるようになる。

2. 現代の子どもたちを取り巻く環境

　フロイト（Freud, S.）が潜伏期とよんだように，これまで，学童期は一番問題が少ない時期と考えられてきた。しかし，近年の核家族化や少子化による家族の変化は，母親の過保護や過干渉な育児態度を生み，子どもの自主性と社会性の発達を遅らせてしまっている。学歴偏重の社会は，子どもたちを夜遅くまで塾通いに追いたて，自由に遊ぶ時間を奪い去り，都市化によって地域社会における人と人との関係は希薄化し，かつてのように年齢の異なった子どもたち

が群れて遊ぶ機会がなくなってしまった。また，自然が減少し，子どもたちには自由に遊べる空間もなくなってしまった。学童期の中心はギャング・エイジといわれていたが，現代の子どもたちの世界には，もはやギャング・エイジという実態は見当たらない。このような子どもを取り巻く社会環境の大きな変化を背景に，さまざまな問題が生じている。

3. 緘黙症

普通に話す能力をもち，家では問題なく話しているのに，学校などの特定の場面や，先生などの特定の人に対して選択的に，持続的に話さないことを場面緘黙という。このような症状は，幼稚園・保育所への入園，小学校への入学をきっかけに現れることが多く，女子にやや多い傾向が指摘されている。場面緘黙児の多くが，先生の前など不安を感じる場面で言葉を発さないだけでなく，他の子どもと共同作業するような場面でも緊張して体がこわばったりすることなどから，この症状は広い意味でのコミュニケーション障害ととらえられている。治療は，対人コミュニケーション能力の改善に重点が置かれ，遊戯療法や絵画療法など非言語的な治療法が用いられることが多い。

4. 学習障害（LD：Learning Disabilities）

近年教育現場では，計算はできるが読み書きができない，黒板の字を写すことはできるが読むことができない，言葉の意味はわかるが共通点の指摘ができないなど，学習場面で困難をきたしている子どもの存在が注目されるようになってきた。このような症状は，学習障害とよばれ，怠けているために勉強ができないとか学習が遅れているのではなく，認知の部分的な発達に遅れや偏りがあるため学習に困難が生じていると考えられている。文部科学省（1999）は，学習障害の特徴は，「知的発達に遅れはないが，聞く，話す，読む，書く，計算する，推論するなどの特定の能力の習得と使用にいちじるしい困難を示すさ

まざまな状態を指し，その原因として，中枢神経系に何らかの機能障害があると推定される」としている。学習障害児に多くみられる特徴には次のようなものがある。①読みの障害（ディスレクシア）（ひらがな，漢字など文字が読めない，文字が読めても単語を理解できない，読み間違いが多い，飛ばし読みをする，すらすら読めない，読解が困難など），②書きの障害（文字を書き写すのが苦手，黒板の字を書き写せない，字を書くのに時間がかかる，書いた字が読みにくい，鏡文字を書くことがある，漢字が書けない，作文が苦手など），③算数の障害（計算が苦手，暗算ができない，計算ができても文章題が解けない，図形や分数・小数がわからない，数や量の関係が理解できない，物事の関係性や共通性を見出し因果関係を理解するなど考えて答えを導く推論が困難など）。

　学習障害では学習における困難が一部分にしか現れないため，本人が努力しているにもかかわらず，やる気がない，怠けていると誤解され叱られることが多い。また，仲間からいじめの対象となることもあり，意欲や自信がもてず，情緒的に不安定になりやすい。このような二次的問題に対応するためにも，まわりの者が学習障害の特性を十分理解することが必要である。

　学習障害児の出現率を知ることは，このような子どもたちに対する教育支援を展開していくうえで重要である。文部科学省の調査では通常学級に在籍する児童生徒の約 4.5％ が学習障害という結果が出ている（文部科学省，2012）。子どもが学習障害であるかどうかを確認するために知能検査や認知力検査が用いられている。その代表的なものとして WISC-Ⅳ（第7章参照）や KABC-Ⅱ があげられる。このような検査は学習障害であることを判断する手掛かりとなるだけでなく，子どもの能力や知的処理の特徴を理解することで一人ひとりの子どもに対するより適切な支援のあり方を考えていくのに役立っている。学校での具体的な対応としては，いつ，どこで，どのような時に問題がおきるのかを観察し，それぞれの子どもに応じた指導方法を工夫していくことが必要になる。たとえば，行とばしをしやすい子どもには，他の行を隠してその行に注目させるとか，読む能力に障害がある場合は，図や絵を描いて，問題を視覚的にとらえさせるというような対応が考えられる。具体化された教材を用いて，スモー

4 ライフサイクルとこころの危機

トトl・lコトl・l

図4-6　一見すると意味不明の黒い刺激
(榎本, 2003, p.5)

ルステップで，ゆっくり，丁寧に，繰り返し指導することで，子どもが，成就感や達成感をいだき，自尊心を高め，自信をもって行動していけるようになる。このような子どもに対しては，本人への配慮だけでなく，他の子どもたちや他の教師の理解と協力を得ることや，家庭との情報交換や連携を図っていくことが大切である。

　図4-6は何と書いてあるだろうか？　これを読んでみることで学習障害児のわからなさを体験しよう。

5. 注意欠如／多動性障害（ADHD：Attention Deficit / Hyperactivity Disorder）

　最近，教育現場では，学習障害とともに相談が増加している症状にADHDがある。文部科学省はADHDを次のように定義している。「ADHDとは，年齢あるいは発達に不釣り合いな注意力，及び／又は衝動性，多動性を特徴とする行動の障害で，社会的な活動や学業の機能に支障をきたすものである。また，7歳以前に現れ，その状態が継続し，中枢神経系に何らかの要因による機能不全があると推定される」（文部科学省，2003）。しかし，DSM-5では，ADHDを行動障害から発達障害に位置づけていることや発症時期を12歳未満にしていることなど教育的定義と医学定義が一致していない部分もある。

　多動の例としては，手足をそわそわ動かす，自分の席にじっと座っていられない，走り回ったり高い所へのぼったりする，じっとしていない，しゃべりすぎる，などがあげられる。不注意の例としては，不注意な過ちをおかす，注意が持続できない，必要な物をなくす，注意がそれやすい，毎日の活動を忘れて

しまう，などがある。衝動性としては，質問が終わらないうちに答えてしまう，順番を待つことが苦手，他人にちょっかいを出すなどが例としてあげられる。

　ADHD をもつ子どもは，学校のような集団生活の中では集団のルールが守れなかったり，友達とのいさかいが生じやすいことなどから，注意や叱責の対象となりやすく，周囲との関係が悪化しやすい。そのため，二次的な精神面での問題を生じやすい。また，車道への飛び出しなどで起こる交通事故や水遊びでの事故，ストーブや火遊びで起きる火の事故など，事故の犠牲者になることも多いが，注意しても叱っても効果がなく同じような問題を起こしやすい。また，学習障害をあわせもつ子どもも多い（図4-7）。ADHD の治療法のひとつとして薬物療法が有効とされているが，薬を服用しなければ効果がなくなる点や副作用の面で問題がないわけではない。学校や家庭では，子どもの気が散るようなものを片づけ環境からの刺激を統制する，叱るのではなくその場にあった適切な行動を教える，ほめるときは具体的な行為をほめるなど，症状をふまえた指導ができるよう工夫していくことが大切である。

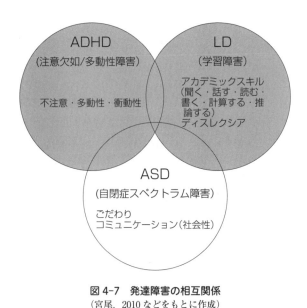

図 4-7　発達障害の相互関係
（宮尾，2010 などをもとに作成）

6. 自閉症スペクトラム障害（ASD：Autism Spectrum Disorder）

　ASDは，主にコミュニケーションや社会性の問題としてとらえられるが，ここでは，主に学童期のASDの特徴およびその支援の概略について述べていく。
　DSM-5では，ASDの診断基準を，「相互作用における継続的な障害」と記している。具体的な例として，「言語」の問題があげられる。ASDの子どもたちは，高い言語能力を有することが少なくないが，それらを文脈に応じて使い分けることに困難を抱える。「言葉を字義どおりに理解する」などと称されることもある。たとえば，相手から「時計を見てきて」，「ティッシュを貸して」という依頼を受ければ，それぞれ「時間が知りたい」，「ティッシュが欲しい」といった，相手の言葉の裏にあるメッセージを多くの者が読み解く。しかし，彼らの場合は，相手のリクエストをまさに「字義どおり」に受け止める傾向が高い。比喩的な表現や，状況から予測する，といった場面を苦手とすることが散見される。
　また，会話においても，話し手や聞き手といった立場の変化を把握することにも課題を抱える。会話はキャッチボールに例えられることが多いが，カウンセリングに来所するASDの子どもにおいては，相手を意識せず，一方的に会話のボールを投げ続けることが見られる。会話のプロセスでは，前述のような「相手の言葉の裏のメッセージ」だけでなく，表情やしぐさといった非言語的要因も重要なものとなる。しかし，この点に関しても，ASDの子どもたちは，「相手を見る」ことはできても，そこから相手の意図，感情などを推測することが不得手といえる。
　さらに，「こだわり」も，ASDに多く見られる。いわゆる五感や時間の概念，興味・関心などに関わる部分である。具体的には，大きな刺激（音や光，味など）が苦手だったり，変更にフレキシブルな対応ができなかったりするなどがあげられる。学校現場では，体育館などでの音が大きく響く場所での活動に取り組めない，急な校時表の変更を受け入れられないなどで，混乱をする場面もみられる。

ASDの子どもたちへの支援のひとつとして，ソーシャルスキルトレーニングがあげられる。ゲーム的要素を取り入れ，子どもたちが楽しみつつ学べるようなプログラムが広く作成されており，この中で，「話す順番・聞く順番を意識する」，「相手の情報（言葉）から予測する」などの経験を重ね，スモールステップで適切なスキルの習得が可能となる。また，「ある程度」のパターンを習得することで，自己効力感の向上も期待される。なお，「こだわり」に関しては，「見通しをもたせる」ことが重要になる。低学年の子どもの場合には，行動や時計のイラストで流れを示すなど，できるだけ具体的な説明を行うことが効果的である。なお，成人の場合でも，フローチャートなどが積極的に活用されることもある。ASDの支援の一策として知っておくのも有効であろう。

7. 不登校

適応状態にあれば，5日間程度である年間の欠席日数が，30日間かつ「何らかの心理的，情緒的，身体的あるいは社会的要因・背景により，登校しないあるいはしたくともできない状態」で，「病気や経済的な理由」を除いた場合には，「不登校」と定義される。これ以外にも，「不登校傾向」や「長期欠席」な

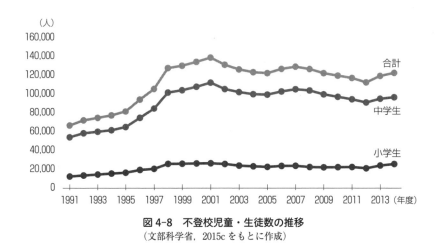

図 4-8　不登校児童・生徒数の推移
（文部科学省，2015c をもとに作成）

どの言葉が使用されることも多く，学童期の子どもが「学校を休む」ことに関しては，何らかのサインとしての理解や，登校に向けた支援の検討は，重要だといえよう。

改めて不登校の現状を振り返ってみる。文部科学省の学校基本調査によれば，不登校の子どもは，小学生に関しては，2000年度近辺の約26,000人をピークとして，その後は徐々に減少傾向であったが，2014年度に関しては，25,864人であることが報告されている（図4-8）。近年では，登校できなくとも，学校外の施設や自宅でのオンラインによる学習活動などが「出席」として扱われている（文部科学省，2005）。しかし，さまざまなサポートネットワークが構築されながらも，不登校の子どもの比率が増加していることから，この問題へのより有機的な支援が期待される。

不登校に関わる要因としては，とくに心理的な部分に着目されることが多いが，ここには，怠学傾向・発達障害（二次的障害を含む）・コミュニケーションの問題などが含まれる。さらに現在では，携帯電話やSNSなどでのトラブルや，ゲームやインターネットなどの不適切かつ過度な使用が関連することも少なくない。メディアリテラシーや，ゲームなどへの依存性に関する心理教育も，不登校予防の観点として見直すべき点である。しかし，何が不登校に影響しているかを明確にするのは非常に困難であるとともに，複数の要因が関わっている場合や不明な場合もあろう（図4-9）。そのため，不登校の問題に関しては，原因の究明に執着しすぎないことが大切だと考えられる。つまり，アセスメントにおいて，不登校のメカニズムを把握するとともに，「なぜ不登校の状態が維持されているのか」に目を向け，現実の文脈を踏まえつつ，当該の子どもが実行可能なアクションや，周囲の援助者の提供可能な支援を吟味することが鍵となる。

たとえば，ある子どもが不登校の状態にある場合には，彼は「学校に行く」という行動を回避することによって，何らかのメリット（安堵感，安心感など）を得ていることが読み取れる。この状態が続くことは，ますます「学校に行く」という行動とは距離をとることにつながる。不登校に関しては，学校に関する

第I部 こころのはたらきを理解する

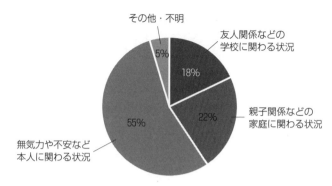

図4-9 不登校のきっかけと考えられる状況（小学生）
（文部科学省, 2015a をもとに作成）

情報の提供を「登校刺激」としてその是非を論議することが多かったが，上記のような場合には，登校刺激がなければ，彼の学校に対するモチベーションは低下し続けることが予想される。程度の差はあれども，電話，教員や友人の家庭訪問，資料を届けるなどにより，学校に関する情報を回避・排除するのではなく，それに徐々に慣れさせていくことを意識すべきであろう。ゆえに，適切な登校刺激は必要だといえる。これらは，認知行動療法的な不登校への支援として，実践や検討が重ねられている。

一方，対象となる子どもたちは，どのような支援を期待しているのであろうか。中学校での不登校経験者を対象とした実態調査（文部科学省, 2014）においては，対象者が当時希求していた支援として，「心の悩みについての相談」や「自分の気持ちをはっきりと表現したり，人とうまくつきあったりするための方法についての指導」が高い項目であったことを明らかにしている。このことから，不登校の支援に関しては，保護者のみならず，教員やスクールカウンセラーなどが継続的な指導・介入をしつつ，コミュニケーション力の育成も念頭に置くことが求められるといえよう。

また，不登校に関しては「起立性調節障害」との関連も無視できない。これは，自律神経中枢などの機能低下のため，起立時に全身への血流不良が発生し，立ちくらみやふらつき，倦怠感などが生じるものである。村上佳津美

(2009) は，この起立性調節障害が不登校の3～4割に関わることを論じる。上記のアセスメントやアクションの吟味とともに，周囲の支援者の精神疾患についての基礎的知識等は不可欠といえよう。

❻ 青年期

1．青年期の特徴

　青年期は，児童から大人への移行の時期である。ある時は子ども，ある時は大人扱いされる不安定な時期である。第二次性徴の出現によって青年期が始まるといわれるが，この急激な身体的変化は児童期までの安定していた自己同一性を揺り動かすことになり，自己への関心が強まり，自我の目覚めとなっていく。この時期，ピアジェによる形式操作の段階に入り，抽象的論理的思考が可能になり，理屈っぽく自己を主張したり，親や社会を批判するようになる。これを第二反抗期とよぶ。

　また，青年期には，エリクソンのいう自我同一性を確立し，親からの独立，職業や配偶者の選択など次々に重要な課題に直面しなければならない。しかし，自立への不安と依存に対する拒否的な感情などさまざまな葛藤があり，精神的には非常に不安定で，心身症，神経症，精神病，その他の不適応行動がどの年代よりも多く生じる。神経症や精神病については第6章で詳しく述べるので，ここではいじめと非行の問題をとりあげる。

2．いじめ

　パワーハラスメントやモラルハラスメントなど，私たちの周囲には多くの「ハラスメント」が存在しており，年を経るごとにその数は増え，多様化している。それだけ，私たちの人間関係は複雑化しており，摩擦を生じる可能性をもつものといえよう。「ハラスメント」は，いじめや嫌がらせなど，相手の尊厳を無

視した行為ととらえられる。これは，先輩と後輩，上司と部下などの「力関係」が生じている文脈での発生といえよう。また，この「力関係」は立場のみならず，腕力やアグレッシブな主張，行為を隠匿するなど，さまざまな能力を包括するものと考えられる。また，広い意味では，虐待やDVも力の差が発生していることから，同義にとらえられる部分もあろう。

文部科学省（2015b）では，2014年度に全国の国公私立の小学校から高等学校でのいじめに関する調査を実施している（図4-10）。2006年度に急激に件数が増加しているが，この点に関しては，いじめを「発生件数」から，被害者の「認知件数」として把握するようになったためといえよう。同時期に，文部科学省（2007）は，いじめの定義を「当該児童生徒が，一定の人間関係のある者から，心理的・物理的な攻撃を受けたことにより，精神的な苦痛を感じているものとする。個々の行為が「いじめ」に当たるか否かの判断は，表面的・形式的に行うことなく，いじめられた児童生徒の立場で行うものとする」としている。これらのことから，いじめ問題への対応に関し，より被害者に立脚し，支援をとらえていこうとする姿勢が読み取れる。なお，2012年度からも件数の上昇が確認されるが，この点に関しては，社会的文脈からいじめに関する問題への意識が高まったことが予想される。

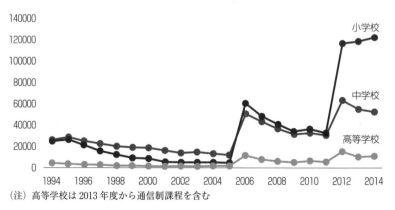

（注）高等学校は2013年度から通信制課程を含む

図4-10　いじめの発生・認知件数の推移
（文部科学省，2015bをもとに作成）

4 ライフサイクルとこころの危機

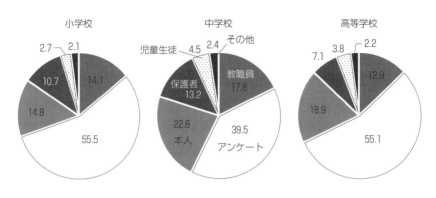

図 4-11 各校種におけるいじめ問題発見のきっかけ
（文部科学省，2015bをもとに作成）

　また，各校種ごとに，いじめ問題発見のきっかけを見ると，どの校種においても，「アンケートなどで発見」が最も多くなっている（図4-11）。一方，本人からの訴えに関しては，若干のばらつきはあるものの，自らのいじめ被害を訴える場合は多くはないことがうかがえる。この点に関しては，援助要請の観点から，守秘義務への不安や，自身への評価の懸念などの関与が推測される。また，学校の教職員が発見するというケースも多くはなく，今後の課題ともいえる。さらに，本人以外の児童生徒からの情報に関しても僅少となっている。周囲のいじめに気づかない，あるいは気づいていても誰かに知らせられない，などの可能性が考えられる。これらの点に関し，近年では「ピア・サポート」などの取り組みが多く導入されているが，児童生徒だけで問題解決をするのみではなく，場合によっては周囲の大人（教員や保護者など）に，本人や発見した者が適切に援助要請をできるようにはたらきかける必要があるだろう。虐待やDVに関しては，私たちは「通告義務」を有する。これは，被害者の生命や権利を守ることにつながる。ゆえに，いじめに関しても，通告は解決に向けた鍵になるといえよう。その文脈では，「アンケートなどで発見」は間接的な通告

```
① 保護者の積極的関与
② 学校選択及び登校形態の多様化
③ 教師のいじめへの毅然たる態度
④ いじめる子へのカウンセリング的対応
⑤ 学校・学級内での良いコミュニケーションの存在
⑥ いじめられないための自己強化
⑦ マスコミや社会の暴力シーン・いじめモデルの排除
⑧ いじめ行為への罰といじめグループの解体
```

図4-12　いじめ予防・解消法の視点
(山﨑, 2009, pp. 131-132 より作成)

ともとらえられるが, 苦しむ被害者が一日も早くその苦しみから解放される方法を選択したい。

　山﨑（2009）では, かつていじめ被害を体験した学生を対象とした調査から, いじめ予防・解消に向けた8つの観点を抽出し（図4-12), さらに最も効果的なものが「教師のいじめへの毅然たる態度」であり, さらに「保護者の積極的関与」,「学校・学級内での良いコミュニケーションの存在」が続くことを明らかにしている。ここから読み取れることは, いじめの問題に関しては, その解決に向けた教員や保護者の適切なサポートは不可欠なものだということになる。児童生徒の自立・成長を促す「友だち同士でのいじめ問題解決」を指導・支援することに加え, 周囲の援助者・指導者といった大人の積極的介入を意識する必要があるだろう。

3. 非行

(1) 非行とは

　犯罪は法律によって禁止され, 罰せられる行為である。そのうち, 未成年者によってなされる場合を非行という。少年法で非行とされるのは次のような行

為である。①14歳以上20歳未満の少年による犯罪行為，②14歳未満の少年による触法行為，③性格・環境からみて，将来，犯罪・触法行為をするおそれがあると認められる行状。

(2) **少年非行の現状**

殺人事件や強盗事件など世間を恐怖に陥れる大きな事件の犯人が少年であることがわかると，少年事件が急増し，悪質化しているような印象を受けるが，実際の少年事件の現状はどうなっているのであろうか。少年の刑法犯検挙人員には，昭和26（1951）年，39（1964）年および58（1983）年をピークとする3つの大きな波がみられる（図4-13）。第3の波以降，若干の増減を繰り返し平成16（2004）年以降は減少傾向にある。第1の波の特徴は生活型非行といわれ，敗戦による社会の混乱と生活苦から窃盗などの財産犯が多発した。第2の波は，日本経済の高度成長が生み出したさまざまなひずみを背景に，粗暴な非行が増加した時期で，この時期の非行は反抗型非行とよばれる。第3の波の特徴は初発型非行で，経済的には豊かな社会が実現したものの，その一方で，家庭や地域社会の保護的・教育的機能が低下し，規範意識が低下するとともに，非行を

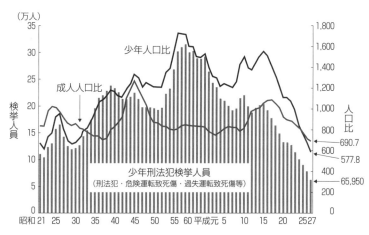

図4-13　少年による刑法犯等検挙人員・人口比の推移
（法務省，2016，3-1-1-1図①）

誘発しやすい環境が多くなったことが背景にある。これまで非行とは縁のなかった少年たちが安易に非行に走るようになり，万引きや乗り物盗など遊び感覚の初発型非行とよばれる非行が急増した。

最近の非行も第3の波の特徴を引き継いでいる。高校生や中学生の割合が多く，非行内容は自転車盗，万引き，車上狙いなどの窃盗や放置された自転車や落とし物を自分のものとして使用するなどの遺失物横領といった初発型非行が大半を占めている。また，仲間と一緒に事件を起こすことが多く，強盗，恐喝などの暴力的な犯罪で共犯率が高くなっている。とくに強盗などでは4人以上の集団で事件を起こすことも珍しくなく，青年期の特徴が表れた非行といえる。

 ぶれいく・たいむ

クリーン作戦で犯罪を防ごう——割れ窓理論

　私たちは病気になれば病院に行き治療してもらえば良いと安易に考えているが，病気になると高熱や痛みなど病からくる苦痛のみならず，働けない，治療費がかさむなどさまざまな苦痛を味わうことになる。そのようなことから，最近では，病気になってから治すよりもまず病気になる前に日ごろから健康に心がけ病気を予防しようとする人が増えてきている。

　犯罪に関しても同じようなことがいえる。不幸にして犯罪の被害者になるとたとえ犯人が捕まったとしても，財産をなくす，体を傷つけられるといった犯罪の被害そのもののみならず，そのとき味わった恐怖からくる心の傷や仕事ができなくなったり裁判のための時間や労力など，何重もの苦痛を背負うことになる。したがって，犯罪が起きないような環境づくりや被害に遭わないようにするための日ごろからの心がけが大切となってくる。

　ウィルソンとケリング（Wilson & Kelling, 1982）は「割れ窓理論」を提唱し，防犯活動に示唆を与えた。この理論は，ごみの散乱，落書き，割れた窓など小さな無秩序状態が放置されると，次々にごみが捨てられたり，窓が割られたりしその近辺が無法化し，ホームレスや不良少年の出入りが多くなり，ますます破壊がすすみ，地域全体が荒れていくというものである。最近，地域全体で家の周りにプランターをおいて花を植える，空き缶拾い，公園の清掃などに地域の美化に力を入れているのを見かけるが，このように地域を清潔に保つことが犯罪防止につながっているのである。

（吉武光世）

4 ライフサイクルとこころの危機

(3) 2つのタイプの非行少年

　図4-14は年齢が進むにつれて非行率がどのように変わるかを，生まれた年次別にみたものである。これを見ると，どの年も12歳に検挙（補導）される少年の割合は概ね0.5％程度で，13歳から14・15・16歳をピークに急に増加し，17歳から次第に減少しはじめ19歳時には再び0.5％強とほぼ12歳時に近い割合となっている。

　このことから現代の非行少年には2つのタイプがあると考えられる。第1はピーク時（14・15・16歳）か否かに関わらず，12歳ころから19歳ころまで消滅することなく固定化して非行から脱せない一定割合の群，第2は14・15・16歳のピーク時にのみ非行に走り，17歳ころから19歳ころにかけて非行から脱していく群である。

　第1のタイプは伝統的な非行少年とよばれ，欠損家庭，貧困家庭，あるいは

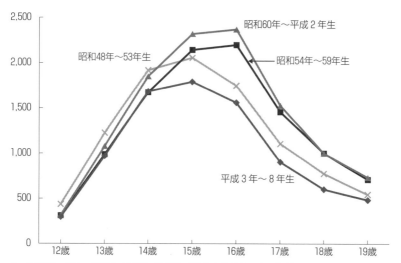

注 1　警察庁の統計，警察庁交通局の資料及び総務省統計局の人口資料による。
　 2　犯行時の年齢による。ただし，検挙時に20歳以上であった者を除く。
　 3　「非行少年率」は，各世代について，当時における各年齢の者10万人当たりの刑法犯検挙（補導）人員をいい，平成14年から26年の検挙人員については，危険運転致死傷によるものを含む。

図4-14　少年による刑法犯　非行少年率の推移
（法務省，2016，3-1-1-3図）

葛藤家庭で育った者が多く，教育水準は低く，無職の者が多い。非行の内容も，窃盗，傷害，薬物乱用など多種多様である。一方，第2のタイプは，現代型非行少年といわれ，生活程度中以上の両親健在の家庭で育った学生や生徒などいわゆる普通の少年たちが多い。非行内容としては，万引き，オートバイ盗，暴走行為などの集団非行が多い。このような少年たちは，学業不振，部活動からの脱落などで，学校生活からおちこぼれかかっていることが多い，学歴偏重の社会で学業成績が振るわないことは非常につらいことである。自己の劣等感を強め，将来への希望を失うのみならず，学校仲間からの疎外にもつながる。また，青年期に高まる性的な欲求や攻撃的な衝動を勉強やスポーツなどで昇華できないため，自己の衝動を発散できるような冒険やスリル，自分を受け入れてくれる信頼できる仲間や自己のアイデンティティを求め，非行に走ってしまうのである。この少年たちの非行は，学歴至上主義に陥っている現代社会に対する少年たちの反発と挑戦という一面をもっている。いつの時代においても，第2のタイプの少年たちが，その時代，その社会の病理を反映するような「現代型」非行を構成し，非行の波を押し上げていると考えられる。

(4) 非行少年の処遇

非行の原因としては，身体的，心理的，社会的な側面からさまざまな研究が行われてきたが，現在では，これらの要因が複雑に絡まりあって生じると考えられている。

ジェンキンス（Jenkins, R. L., 1969）は，非行少年を人格と非行化のメカニズムから3つに類型化し，処遇や治療に結びつけた。

① **過剰抑圧型（神経症型）**：親の養育態度は厳格で，子どもの性格は，引っ込み思案，小心，抑制的で，内的葛藤や緊張感が強い。非行としては，家出やひそかな窃盗を繰り返すことが多いが，いじめる友だちの言葉にカッとなり相手を殺してしまうという事例があるように，衝動的に重大な事件を起こしてしまうこともある。このような少年に対しては，受容的な心理療法が望まれる。

② **社会化されていない攻撃型**：貧困，崩壊，欠損，葛藤家庭などで，拒否，

放任，虐待されて育った子どもが多い。欲求不満が強く，不信感や猜疑心をつのらせていて，粗暴で攻撃的である。さまざまな非行を繰り返すが，罪悪感は乏しい。このような少年に対しては，受容的な環境で道徳心を形成していくことが必要である。

③ **社会化された非行型**：非行多発地域で，教育のない貧しい親に育てられ，社会規範が十分内面化されていないが，パーソナリティはそれほどゆがんでいない。不良集団に加わり，万引き，けんか，強盗，薬物乱用などを集団で行う。処遇としては，まず，仲間との関係を断つよう環境調整する必要がある。それとともに，規律ある生活態度を身につけさせ，価値観の変容を図っていく必要がある。

❼ 成人期

1．成人期の特徴

法律的には18歳で成人となるが（少年法では，18・19歳は「特定少年」と位置づけられる），心理学的には青年期は30歳ころまで延びているといわれるように，青年期が長くなっている。成人期はいつからはじまるか明確ではないが，おおむね20歳代後半からと考えられている。この時期は，職業への適応と経済的自立，自分を賭けて他者と出会うこと，つまり結婚が重要な課題となる。

2．ドメスティック・バイオレンス（DV）

生涯の伴侶に出会い，2人ではぐくんでいく新しい愛の巣になるべき家庭が，虐待や暴力の場と化してしまうことがある。これを，ドメスティック・バイオレンス（DV）とよぶ。DVは，日本語になおすと「家庭内暴力」になるが，日本では，子どもが親に対して振るう暴力を家庭内暴力とよんでいたため，配偶者からの暴力はドメスティック・バイオレンスのままで用いられている。

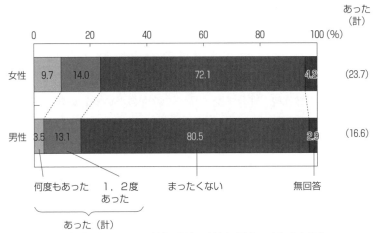

図 4-15 配偶者からの被害経験（男女別）
（内閣府, 2016, Ⅰ-5-1 図）

　これまで，夫婦げんかは家庭内の問題と片づけられていたが，2001 年に DV 防止法（正式名：配偶者からの暴力の防止及び被害者の保護等に関する法律）ができたことにより，ようやく社会的な問題として取り上げられるようになってきた。DV の内容には，①身体的暴力，②性的暴力，③心理的暴力，④言葉の暴力，⑤経済的暴力，⑥社会的隔離などがあり，身体的暴力で死亡するケースも相当数にのぼっている（図 4-15）。

　DV の被害者の多くは，何年にもわたって激しい暴力を受け続けているにもかかわらず，夫から逃げようとしなかったり，いったんは，シェルターなどに保護されたものの，こころや体の傷がいえてくると，夫のもとに戻ろうとするといわれている。このような心理はウォーカー（Walker, L. E.）によって「暴力のサイクル」として説明されている（図 4-16）。激しい暴力がおさまると，加害者は反省し，土下座をしたり高価なプレゼントをしたりして，しばらくの

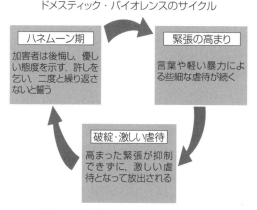

資料:『バタードウーマン―虐待される妻達』レノア・E・ウォーカー著(金剛出版)を参考に作成
図4-16 暴力のサイクル
(小西, 2001, p.100)

間は,ハネムーン期が続く。しかし,それも長続きせず,徐々にストレスや緊張が高まり再び暴力期に入る,という暴力のサイクルが繰り返される。この他,妻が逃げない理由としては,夫のストーカー行為に対する恐怖感,自立してやっていけるのだろうかという経済的不安,子どものためにという思い,親に迷惑をかけられないという実家の問題などがあげられる。また,長期間,繰り返し身体的・精神的暴力を受けたことによって,PTSDにかかり,そのため逃げられなかったとも考えられる。

❽ 中年期

1. 中年期の特徴

中年期は,成人期の終わりから老年期にさしかかるまでの間で,人生の中でもっとも長い時期である。この時期は,子どもを生み育てることが重要な課題となってくる。子どもの出産や養育,仕事上の地位の獲得などの課題が次々に登場し,生活は充実し,精神的にも安定した時期だと考えられてきた。しかし,

ライフサイクルを太陽の運行になぞらえたユング（Jung, C. G.）は，中年の始まりを太陽の南中点とし，人生の午後である中年期には，自分の人生が上昇し拡大していく午前の生きかたをそのまま持ち込むことはできないとしている。レヴィンソンも中年男性の精密な生活史を調査した結果，この時期の問題のひとつに，自己の限界に直面し，つらい方向転換をせざるをえないことを指摘している。つまり，中年期は，人生の大きな転換期であり，個人的にも，家庭的にも，社会的にも動揺の大きい時期と考えられ，心身症，神経症，うつ病，アルコール依存症などの問題が多く発生する時期である（第8章参照）。

2．中年期の危機

個人的には体力の衰えを自覚し，成人病罹患の不安が生じる。家庭面では，青年期のさまざまな問題をぶつけてくる子どもを支え，問題解決を図っていか

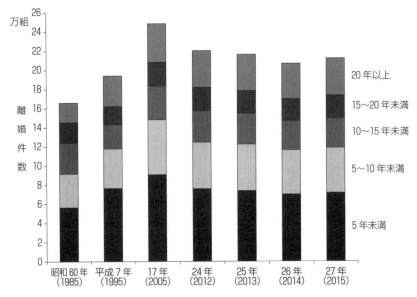

図 4-17　同居期間別離婚件数の年次推移
（厚生労働省，2015, p. 17）

なければならない。子どもが巣立った後は，夫婦だけの生活を再構成していかなくてはならない。これに失敗すると，家庭に独り取り残された妻が，空虚感から空の巣症候群とよばれる状態になり，アルコール依存に陥ったりする。あるいは，これまで切り捨ててきた自己の能力や可能性を求め，離婚の道を選ぶこともある（図4-17）。社会面では，職業上のストレスが大きい。管理職につけた者は，サンドイッチ症候群という言葉に象徴されるように，上司と部下の板ばさみになり，中間管理職として新たな労苦を味わうことになる。一方，管理職に就けなかった者には挫折感が残り，うつ状態に陥ることもある。

❾ 高齢期

1．高齢期の特徴

　社会の第一線から退く60～65歳くらいから死に至るまでの期間を高齢期という。近年の医療技術の進歩や栄養状態の改善などによって日本人の平均寿命は年々延び，終戦直後の1947年には，男子50.06歳，女子53.96歳であったものが，2015年には，男子80.79歳，女子87.05歳（厚生労働省，2016b）となった。このように人生80年の時代を迎えるに至り，かつて考えられなかったほど老後の生活期間が長期化してきた。長い老後の期間をどのように過ごすかは，高齢化社会の大きな課題である。

　一般的に身体的老化は，視力の低下，脚力の減退，歯牙の喪失などに，精神機能の衰えは，記銘力の減退などに現れる。しかし，90歳に近い人が「電車で席を譲られるようになったので，自分も年寄りに見えるのかな」と嘆いていたという話もあるように，老いの自覚には個人差が大きい。60歳以上の高齢者に関する研究では，大多数の人は自分自身を老人と認知していないという報告がある。一方，自分を老人と認知している人は，健康の問題，活動性の減退，独り暮し，経済面での問題などさまざまなストレスを抱えていることが多い。

2. 喪失体験

　この時期には多様な面で喪失体験が生じる。まず，定年の問題がある。会社員の場合には，会社の中で自分の生涯で最高の地位にまでのぼりつめていた人が，定年を境にその社会的役割からおりることになる。社会的地位の喪失により，収入の減少のみならず，社会とのつながりも失うことになる。家庭面では，子どもたちは独立して家を出てしまい，夫婦2人だけの寂しい暮らしが始まり，やがて片方の健康が損なわれ，配偶者の死に直面せざるをえなくなる。また，親しかった友だちとの別離という問題も生じてくる。この時期の喪失体験はまだ十分な先がある若いころと異なり，大きなストレスとなってのしかかってくる。もちろん，退職を肯定的にとらえ，余暇活動に参加したり，大学に通ったりして充実した生活を送っている人もいる。配偶者や友だちの死にともなう苦しみを克服していく人も多い。しかし，うつ病は高齢者に最も多い精神症状といわれるように，さまざまな生活上の危機が引き金となってうつ状態になるケースも多い。一般的に高齢期になると自殺率が高くなる。とくに，日本の高齢者の自殺率は高く（図4-18），自殺の原因としては病苦や喪失体験によるうつ状態との関連が指摘されている。

3. 認知症

　超高齢化社会を迎えたわが国では，2015年現在，65歳以上の高齢者人口は3,392万人，高齢化率は26.7%である。2060年には2.5人に1人が65歳以上になると予想されている（内閣府，2016）。このうちどれくらいの人が自立した老後を送ることができるであろうか。65歳以上の高齢者の認知症患者数と有病率の将来推計についてみると，平成24（2012）年は認知症患者数が462万人で，65歳以上の高齢者の7人に1人の割合（有病率15.0%）であったが，37（2025）年には約700万人，5人に1人になると推計され（内閣府，2016），そのケアは大きな社会問題となっている（第7章参照）。

4 ライフサイクルとこころの危機

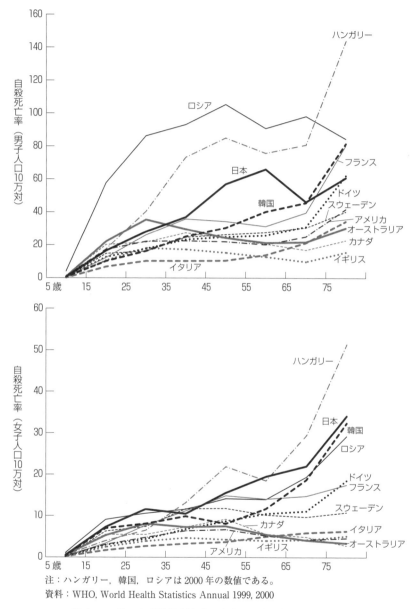

注：ハンガリー，韓国，ロシアは2000年の数値である。
資料：WHO, World Health Statistics Annual 1999, 2000

図4-18 性・年齢階級別自殺死亡率の国際比較―1999年―
（厚生労働省，2005）

認知症は記憶障害から始まることが多い。たとえば，食事の内容を忘れるのは生理的な物忘れであるが，認知症の場合はご飯を食べたことそのものの体験が記銘されていない。失語も認知症の重要な症状のひとつである。物の名前が出てこないのは正常な老化でも生じるが，認知症性の失語の場合は，テレビや机といった身近な物の名前も出てこない。症状が進むと「あれ」「これ」「それ」といった代名詞ばかりで意思疎通がはかれなくなる。その他の症状としては，運動機能が損なわれていないにもかかわらず，服を着る，歯を磨く，といった動作ができなくなったり，抽象的思考が障害され，物事を合理的に判断できなくなる，今まで温厚だった人が気難しくなったりするといった人格の変化がみられることもある。被害妄想や幻聴，うつ状態などの精神症状がでることもある。そして最終的には意思疎通は不可能となり，日常生活は全面介助が必要となる。認知症患者への援助の基本姿勢は，受容，支持である。患者の世界を否定せず，受け入れ，不安を解消するように接していくことが重要である。

4. 死と死の受容

「ゆりかごから墓場まで」という言葉があるように，この世に生を受けたもののすべてに必ずいつかは死が訪れる。この死という未知の世界に対する恐怖や愛する人との別れを人はどのように受け入れていくのだろうか。キューブラー－ロス（Kübler-Ross, E.）は，末期疾患にかかって余命いくばくもないと知った人が，死を受容するまでの心理過程を，否認，怒り，取り引き，抑うつ，受容の5段階にわけ「死にゆく過程のチャート」にあらわしている（図3-7）。

一方，愛する者との死別を体験した家族の心理は，モーニングの心理過程として理解される（ぶれいく・たいむ，p. 79）。このような反応の程度や質は，年齢や性別，故人との生前の関係などによって異なってくるが，一般に不慮の死や予期しない死であった場合は，予期された死よりも反応の程度は大きく，病的なものになりやすい。配偶者を失った場合，高齢になればなるほど，また，女性より男性の方にダメージが大きいといわれている。

ぶれいく・たいむ

別れの体験…対象喪失とモーニング

　人は，自分にとって大切な何かを失った時，さまざまな情緒的反応をみせる。対象喪失とは，近親者の死や失恋などによって愛情・依存の対象を失う体験，引越しや転勤，転校など自己を一体化させていた環境を失う体験，思春期の親離れの時に幼い頃理想化していた対象から別れるというような内的な別れの体験などをいう。

　ボウルビー（Bowlby, J.）は，乳幼児の研究から，対象喪失の後に生じる心理過程をモーニングとよび，次のように3段階に分けて説明している。

① 抗議：この段階では，まだ，本当に失ったという現実を認めることができず，失った対象を取り戻そうとしたり，保持しつづけようとする。子どもの場合，母が戻ってくるのを期待し，母を探し求めるさまざまな行動をみせる。

② 絶望：もはや相手が戻ってこないという現実を認めなければならない段階。激しい絶望と失意に襲われ，不穏・不安，引きこもり無気力状態が生じる。

③ 離脱：それまでの対象に対する愛着をあきらめ，新しい対象の発見と新しいこころのあり方を見いだそうとする。

（吉武光世）

　近年，病院で人生の最後を迎えることが一般的になってきたことにより，死にゆく患者をこころから悼み悲しむのは家族ではなく医療従事者になりつつある。そのような代理者は代理悲嘆者とよばれる。次々に臨死患者を見送らなければならない医療従事者は自分自身の精神衛生にも留意する必要がある。

《さらに学習をすすめたい人のために》

氏原寛・東山久　2000　エッセンシャル臨床心理学　ミネルヴァ書房
ニューマン, B. M. & ニューマン, P. R.　福富護（訳）1988　新版生涯発達心理学　川島書店
下山晴彦　2003　よくわかる臨床心理学（やわらかアカデミズム〈わかる〉シリーズ）　ミネルヴァ書房
本田秀夫　2013　自閉症スペクトラム　10人に1人が抱える「生きづらさ」の正体　SB新書
河合隼雄　1996　大人になることのむずかしさ　青年期の問題　岩波書店

5 人と人との間
——対人関係

❶ 個人の対人認知と対人関係の進展

　人間は社会の中で生活している。社会で快適な生活を送るため，円滑な人間関係を保つうえで，他者がどのような特徴をもった人であるかを知ろうと努力する。相手の写真や評判に基づいて，人柄を推察したり，表情，動作，声，容貌や服装などの外見的な特徴から，相手の感情，欲求，態度，意図，能力，パーソナリティや対人関係など内面的な特徴も推論する。このような他者に対する印象の形成を対人認知とよぶ。しかし，それは推論であるがため，相手を正確に認知しているとは限らない。ここでは人の対人認知の枠組みとその対人関係の進展について学んでいく。

1．感情の認知

　人の感情を正しく知ることは，良い人間関係を築くうえで大切なことである。感情を認知するためには相手の顔の表情を観察することが最も身近な方法である。

　サーヤーら（Thayer, S. & Schiff, W., 1969）は，表5-1のような顔の刺激図形を18名の被験者に提示し，そこから読み取れる感情を判断させてその一致度を調べた。その結果，感情の特定に眉毛と口が重要な働きをもっていることがわかった。しかし，他の多くの研究と同様に，同じ表情でも異なった感情が認知される場合のあることも示唆している。日常，私たちは，相手の動作や呼吸

表5-1 顔面表情についての情緒の判断（Thayer & Schiff, 1969）

表出された情緒＼判断された情緒	空白	統制	中性	幸福	悲しみ(1)	怒り(1)	残忍	怒り(2)	悲しみ(2)	幸福・はにかみ	悲しみ(3)
得意な				3			3			3	
幸せな			11	33	81					36	
中性的	89	38	39						6		
悲しい				8		42			3	50	61
怒った			22			13	58	53			
激怒した						17	3	33			
楽しい				3	8		3			19	
はにかんだ			6	3	3				3	25	
ふざけた			6			11	16			6	
残忍な				8		3	75	11	3		
沈んだ					17	3			8		24
心配な		6	6		19	3			22	12	6
恐れている			3		3				3		6
恐怖	3				3						
その他	6	11	3				3		3	6	3

（数字は％：縦の合計が100％）

数，瞳孔の大きさ，会話の口調など，表情以外の複数の情報を用い，それらを統合して相手の感情を認知している。

2. パーソナリティの認知

　人は，自らの経験を通して暗黙裡のパーソナリティ観（implicit personality theory：IPT）を有している。IPT とは，ある人物についていくつかの限られた情報に基づき，そのパーソナリティを推論するときに用いられる枠組みである。

　人は一見しただけで，優しい人だとか，真面目な人だとか思うように，相手の特定の特徴が，特定のパーソナリティと結びつけられる。しかし，どの特徴

がどのパーソナリティと結びつけられているかは人によって異なり，個人差は大きい。相手のパーソナリティを主観的に推論しているため，実際と異なっているにもかかわらず，それが相手のパーソナリティであると思いこんでしまう傾向がある。

アッシュ（Asch, S. E., 1946）は，未知の他者に関する情報を得た場合，「温かい」「冷たい」という言葉のように相手のパーソナリティ認知に非常に大きく影響する中心特性とよばれる情報の存在を明らかにしている。

3．対人関係の認知

ハイダー（Heider, F., 1958）は，均衡理論（認知的バランス理論；balance theory）とよばれる三者関係の認知についての理論を提唱した。これは自分と相手との二者関係が実は第三者である人・物から影響を受けているとするものである。

まず図5-1のように，P（自分）・O（相手）・X（自分と相手に関係のある他者や物）という三者を仮定する。PとOの間に友好的関係（＋の関係）がある場合，2人に関連するXに対する好き（＋）または嫌い（−）の評価が一致していれ

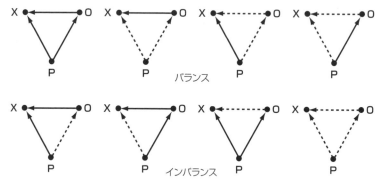

注）実線は＋，点線は−を表わす。

図5-1　バランスとインバランスの型（Heider, F. H., 1958）

ばPOXそれぞれの関係はそのまま維持される。全体が均衡状態にあるためである。しかしPとOのXに対する評価が一致しない場合は不均衡状態であり，バランスを回復しようとする力が働き，Pが自分でXへの評価を変えるか，相手であるOにXへの評価を変えてもらおうとする。これらのどちらかがうまくいけばバランスは回復されて均衡状態になるが，Xへの評価が不一致のままだと，PとOの関係を非好意的（－）関係に変化させて均衡をはかる事態が起こる。逆に，好意をもっていなかった相手Oが実は自分と同じ趣味をもっている（Xへの評価がともに＋）ことがわかると好意的になることでバランスをとることも考えられる。とくにXがPとOにとって重要であればあるほどバランスをとろうとする力は強く働くと考えられている。

ハイダーの理論は，論理的に整合性がある。しかし，＋の関係と－の関係とに人間関係を単純化しすぎており，その程度が考慮されていない点，また男女の三角関係のような場合において，三者関係がプラスになることが考えられな

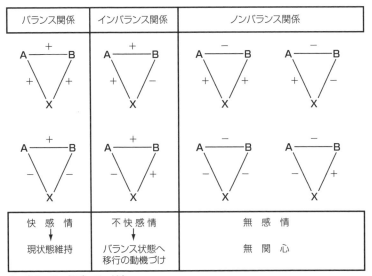

A：自分，B：相手，X：対象

図 5-2　ニューカムの ABX モデル（Newcomb, 1961）

いような事態がある点など限界もある。さらにPとOの関係が非好意的である場合には，均衡は必ずしも成立しない。

そこでニューカム（Newcomb, T. M., 1961）は新たに非均衡（ノンバランス）という考えを導入し補強した。図5-2のA（自分），B（相手），X（自分と相手に関係のある他者や物）である。ABX間の関係を示す符号は，ハイダーと同様である。ニューカムのAB－Xモデルの3つの関係は，バランス関係，インバランス関係，ノンバランス関係のいずれかの関係になっている。ノンバランス関係は相手の人が嫌いな場合で，相手がどんな考えでも関係なく，快も不快も感じない無関係な関係を指す。

4. 対人関係の発展段階

レヴィンガー（Levinger, G. A., 1983）は，人間関係の親密度のレベルを4段階に分類している（図5-3）。

0レベル発展段階は，相互に未知な無関係の状態。1レベルは，相手を一方的に知る段階で，相互作用は全く存在しない。2レベルは，挨拶等の表面的な相互作用のある，いわば顔見知り的段階である。この段階は，近所の人，隣席の人などの地理的，物理的に近いという2人の間の近接性で生じる。3レベルは，相互的接触段階である。前段階より親密になるためには，類似性の存在，すなわち2者間に何らかの共通性や共通点があったり，男女間の場合は身体的な魅力の存在も大きな要素となる。このレベルでの会話はたとえば2者間に共通する趣味やスポーツ，友人などに関することになる。その後，この接触の継続から，こころを許せる仲間あるいは友人ができてくる。中相互作用レベル（友人段階）に達すると，自分のこころを開き本来の姿を見せ合い（自己開示），より深く親密になる。自己開示がさらに深化し相互依存関係になると親友や恋人の高相互作用段階に達する。ここでは心理的一体感があり，相互の立場を理解し個人的問題にも深くかかわるような共感性がさらに2人の関係を深めていく。

発展段階	親密度	2人関係の図解（Pは自分，Oは相手）
0	相互未知段階 （接触度0）	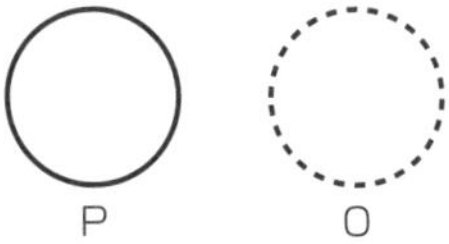 ○ ○ P O
1	一方的認知段階	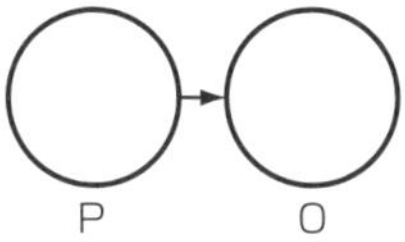 ○→○ P O
2	表面的接触段階 （顔見知り）	 ○○ P O
3	相互的接触段階 ① 低相互作用 （知り合い）	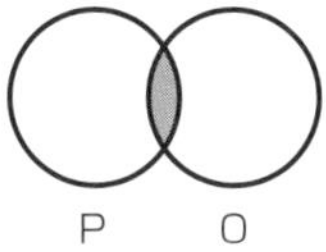 ◯◯ P O
	② 中相互作用 （友人）	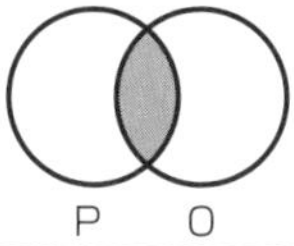 ◯◯ P O
	③ 高相互作用 （親友，恋人）	 ◯◯ P O

図 5-3 人間関係の親密度の発展段階（Levinger, 1983）

5. 対人関係の深化過程

(1) 単純接触効果

人がどのような相手に好意をもち，関係を親密化させていくのであろうか。多くの研究は，関係の初期には，相手と接触する回数が多いほど相手への好意が増す。これを単純接触効果とよんでいる。

(2) 近接性

人は,「席が隣」・「出身が同じ」・「近所」などのように単に個人間の物理的距離が空間的に近接しているだけで人に好意を抱く傾向がある。フェスティンガーら (Festinger, L. et al., 1950) は, 大学の既婚学生用のアパート (図5-4) で調査を行った。

2階建ての各階が5戸からなる17棟のアパートの住人を対象に入居後6ヵ月経った頃,「今, 同じ階の誰と最も親しくつき合っていますか。」という質問項目のソシオメトリック・テストを実施した。部屋割りは, 大学当局が応募順に行い, クラスや学生の専攻に無関係になされた。また, 物理的距離の近さの単位は, 部屋が隣の場合, 距離を1単位, 1戸を間に挟んだ部屋は2とした。よって各階での最大距離は4となる。その結果 (表5-2), 部屋が近いほど親しくなりやすいことが証明された。なお近接性がとくに有効なのは, 知り始めた頃や, 幼児・児童においていちじるしいことがわかっている。

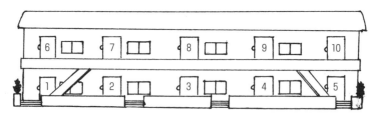

図5-4 既婚者用アパート (ウエストゲート・ウエスト) の建物の模式図

表5-2 物理的距離とソシオメトリック選択との関係 (Festinger et al., 1950)

物理的距離の近さの単位	選択実数 (A)	理論的選択数 (B)	A/B
1	112	8 × 34	0.412
2	46	6 × 34	0.225
3	22	4 × 34	0.162
4	7	2 × 34	0.103

表5-3 相手に対する好意度とデートの希望 (Walster et al., 1966)

質問	各被験者の身体的魅力	相手の身体的魅力		
		醜い	平均的	美しい
好意度	醜い男性	.06	.57	.90
	平均的男性	−.10	.58	1.56
	美しい男性	−.62	.16	.82
	醜い女性	.03	.71	.96
	平均的女性	−.10	.61	1.50
	美しい女性	−.13	.21	.89

注) 好意度の質問は2.5 (大変好き) から−2.5 (大変嫌い) までの対人好意度尺度で測定された。その平均値である。

(3) 身体的魅力

人は、初対面時において、相手の性格についての情報がまったくない場合、顔を中心とする身体的魅力によって相手を判断する。そして、それが美しく快いものであれば、その人に魅力を感じる傾向がある。ウォルスターら (Walster, E. et al., 1966) は、コンピュータ・ダンスの実験を行った。まず、大学新入生歓迎ダンスパーティーに参加を希望した大学生に、コンピュータによって理想的なパートナーをマッチングするという偽りの説明で、実際には無作為の男女のカップルを組ませてダンスをさせた。パーティーの当日、あらかじめ4~5人の実験助手が新入生各人の身体的魅力の程度を8段階評定法によって評定しておいた。その後パーティーの中休みに、男女別々の部屋でダンス相手に対する好意度と、またその人とデートをしたいか質問した。その結果 (表5-3)、自らの身体的魅力とは関係なく、男女とも相手に対する好意度は相手の身体的魅力と密接に関係することが明らかになった。

(4) 類似性

ある事象に関する賛成−反対の構えを態度と称するが、性格、人種、宗教、政治など、条件が同じなら類似している人ほど親しくなり、その中でとくに態度の類似性が最も親密になる傾向が高いことが証明されている。ニューカムは、

学生寮において，大学生の交友関係の成立過程を調査した。その結果，入学時は，近接した者が親密になるが，その後時間とともに態度の類似した者がより親密になっていくことがわかった。

バーン（Byrne, D. & Nelson, D., 1965）らは，自分と相手の態度の類似度が高くなるほど，相手に一層の魅力を感じることを明らかにした。大学生に態度調査を行い，2週間後，再び大学生を集め，別の学生が回答した態度調査用紙を見せ，その学生にどのくらい好意をもつかを対人判断尺度を用いて答えさせた。その結果，自分と態度の類似した人ほど好意を抱くことが明らかになった。

人は，自分が好意をもっている相手のパーソナリティや考え方が，自分と実際以上に類似していると認知する傾向をもっている。この傾向は想定類似性とよばれる。

また，パルマーら（Palmer, S. E. & Byrne, D., 1970）は，パーソナリティの類似性と相補性のどちらが魅力と関連が深いのかを調べ，類似性が重要であることを示した。それでは相補性は重要ではないのであろうか。

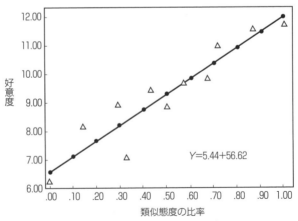

魅力は2-14の13点尺度，得点が高いほど魅力が高い。

図 5-5 類似態度の比率の1次関数としての未知の人物に対する好意度
（Byrne & Nelson, 1965）

(5) 相補性

2者の親密化についてカークホフら（Kerckhoff, A. C. & Davis, K. E., 1962）は，まず周囲の人たちの中から自分と態度や価値観の似ていない人を除去し，残った人たちの中で欲求の相補した人と親しくなるとするフィルター理論を提唱した。

マースタイン（Murstein, B. I., 1961）も，はじめに外見的特徴と内面的特徴としての価値観の類似した人が選ばれ，その中から，何か問題が生じたときにともに解決を図っていくうえで自分と役割（role；R）を分担できる人が最終的に選択されるとするSVR理論を提唱した。いずれの理論も関係の初期には相手との態度や価値観の類似性が重要であるとしながらも，親密度が増すに従って，類似性に加えて課題解決のための役割分担ができる相補的な部分をもっていることが重要になってくると考えられている。

(6) 好意の返報性

バーシェイドとウォルスターら（Berscheid, E. & Walster, E., et al., 1971）は，自分に好意的な相手を好む傾向があることを指摘し，これを，好意の返報性とよんだ。社会的生活を営む私たちは，人から好かれたいという欲求を有している。人からの好意的な評価は大きな喜びとなり，報酬になるのである。しかし，これには個人差があり，自尊心（自己評価）の低い人には，人からの好意的な評価がその人への好意に結びつかない場合があることも明らかになっている。

❷ 説得的コミュニケーション

相手の態度を，主に言語によって特定の方向に変えようとする試みを説得とよぶ。そのためのコミュニケーションが説得的コミュニケーションである。さらに，説得で態度が変容することを態度変化（態度変容）という。

1. 説得に影響する要因

　説得者側の要因としては，信憑性が大きな影響力をもっている。ホヴランドら（Hovland, C. I. & Weiss., 1951）は，説得内容の専門知識（専門性）と，それを偏りなく伝える意図をもっている信憑性の高い説得者からの説得効果が，信憑性の低い説得者からの説得効果よりも大きいことを明らかにしている。被説得者側の要因としては，説得内容が複雑な場合，知能や自尊感情の高い人の方が，単純な場合，逆に低い人の方が説得されやすい。

2. 説得の方法

　ホヴランドは，説得に有効な呈示方法を研究した。肯定的または否定的な内容のメッセージのいずれか一方のみを使って説得する一面呈示は，説得者と被説得者の態度が同じ場合に有効であった。これは，態度をさらに説得方向に強めるためである。また「云々という多少の欠点がある以外は非常に素晴らしい」というような，肯定・否定両方の内容を含んだ両面呈示は，被説得者と説得者の態度が対立している場合に有効である。ただし，被説得者の教育程度が低い場合には内容の複雑な両面呈示に不慣れなため，両面呈示よりも一面呈示が有効であり，被説得者の教育程度が高い場合には，判断能力に自信があるため，両面呈示の方が有効である。

　また，レーベンサールら（Leventhal, H. et al., 1979）は，一般的に恐怖を喚起してから恐怖の原因を回避できる行動をとるように説得すると，恐怖を喚起しない場合よりも説得効果が高いとしている。

3. 説得のメカニズム

　説得過程に関する説明として，ペティーら（Petty, R. E. & Cacioppo, J. T., 1986）は，精緻化見込みモデル（elaboration likelihood model：ELM）を示して

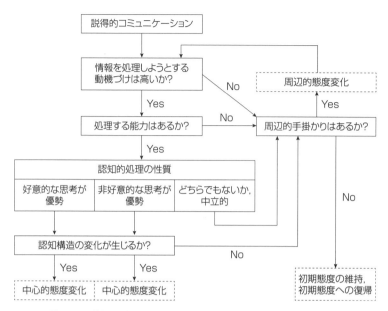

図 5-6 説得の中心ルートと周辺ルート（Petty & Cacioppo, 1986）

いる。

　これは，説得的働きかけがあった時，その内容についてどの程度精緻（熟考）化して考える見込みがあるのかによって，説得のされ方が異なるとするものである。図5-6のようにメッセージの内容を精緻化処理する動機や能力があるときには中心ルートを進み，メッセージ内容を精緻化処理する。認知構造が変化すると，中心的態度変化が生じる。この場合，説得後の態度は変化しにくく持続的で，行動との一貫性も強い。また，説得的メッセージの内容を精緻化処理する動機や能力がなかったり，動機や能力があっても考えが中立的だったり，認知構造が変化しなかった場合には，周辺ルートを進み，説得者の特徴（権威者であるなど）や説得時の状況（好きな音楽が流れていたなど）など，説得内容と直接関連しない周辺的手がかりによって周辺的態度変化が生じる。この場合，説得後の態度は変容しやすく，行動が一貫しない場合がある。さらに，周辺的手がかりが無い時は，説得以前状態にそのままとどまる。

説得過程に関しては，説得に対する抵抗や奪われた自由を回復しようする動機によって説明するブレーム（Brehm, J. W., 1966）の心理的リアクタンス理論などがある。

4. 要請技法

(1) 段階的要請法

段階的要請法（foot-in-the-door technique）は，まず同じ種類の小さな要請を相手に受け入れさせた後，その後同じ種類のより大きな要請を段階的に受け入れさせていく方法である。いきなり多大な要請をするよりも応諾率が顕著に高まることがわかっている。たとえば，路上で声をかけて小さな要請を受け入れさせた後，徐々に高価な商品を買うように要請してくる悪徳商法などはこの方法の悪用である。

(2) 譲歩的要請法

譲歩的要請法（door-in-the face technique）は，目的とする要請をする前にそれよりも大きい要請をして意図的に相手に拒絶させた直後，小さな要請に譲歩したようにみせて，目的の要請を受け入れさせる方法である。たとえば，サークルやクラブで次期副部長をやって欲しい人に要請を断られそうな場合には，はじめに「部長になって欲しい」と要請し，断らせてから「それなら仕方がない，副部長ならいいよね？」と若干譲歩したようにみせかけて要請し，応諾させる場合などが考えられる。譲歩の互恵性規範や相手に悪く思われないように肯定的な自己呈示をするためにこのような効果が生じると考えられている。

(3) 承諾先取要請法

承諾先取要請法（low-ball technique）は，まず相手が応諾できるような甘い条件の要請をして応諾させた直後に，要請内容の条件を厳しくする方法である。たとえば，手ごろな値段の商品を薦めて購入の応諾をさせた直後に「実はその

商品は品切れ中で，値段の高い似た商品ならありますが」と条件を厳しくすると，一度応諾してしまった人は少々値段が高くなっても拒絶しにくくなるのである。これは，魅力的な条件でなくなった途端に断るのが恥ずかしいため，条件が厳しくなっても応諾し続けてしまうことによるのではないかと考えられる。

❸ 帰属過程

　私たちは，ある出来事が起きたとき，その原因を探索したり推論したりする。また，その事件が生じたことの責任はどこにあるのか考えたりもする。このような因果関係についての推論過程を，帰属過程（attribution process）といい，原因をある事柄に特定することを原因帰属（causal attribution），責任の所在を特定することを責任の帰属（attribution of responsibility）とよぶ。

1. 対応推論理論

　ジョーンズら（Jones, E. E. & Davis, K. E., 1965）は，人が他者の行動を観察する場合，その観察内容から他者の行動意図を推測したり，その背後にある性格などの安定的な属性を考えたりするという対応推論理論を提唱した。この理論は，他者が社会的に望ましくない行動や珍しい行動をとった場合，望ましい行動や当たり前の行動をとった場合よりも，その人の属性に原因帰属される可能性が高まる。たとえば，Aさんが反社会的行動をとった場合，本当は他の人から脅迫されて仕方なく行ったことであっても，それを知らない人はAさんはもともと反社会的な性格をもっていたと考えてしまうのである。
　また，行動の選択肢の間に存在する共通点の数が多いほど対応が高まる。たとえば，Bさんが2種類の車のうちの一方を買った場合，2つの車に共通点がほとんどなければBさんが何を根拠に選んだのかは曖昧である。しかし，2つの車の特徴がほとんど共通していて色だけが違う場合には色の対応が高くなり，Bさんが色を根拠に車を選択したという意図に関する推論の確信度は高くなる

のである。

2. 錯誤帰属

　原因帰属は常に正しくなされるとは限らない。錯誤帰属が起こる場合も多い。ダットンら（Dutton, D. G. & Aron, A. P., 1974）は，地上 80m の不安定な吊り橋上と，地上 1m の安定した木の橋上で，美人の女性実験者が男性の被験者にインタビューする実験を行い，実験結果の問い合わせ先を男性被験者に知らせた。
　結果は，木の橋上より吊り橋上でインタビューされた被験者の方がインタビューのコメントに性的な内容が多く，後に結果を問い合わせてきた人数も多かった。これは，実際には不安定な吊り橋の恐怖感によって生じた，心拍数の増加などの生理的喚起（physiological arousal）が，美しい女性（実験者）に会ったために生じたのだと錯誤帰属されたためであると考えられる。

3. 防衛的帰属

　ある人が重大な事故を起こした場合，将来その人と同じような事故を起こす可能性がある人は，その可能性を自ら否定したいのが当然である。そのため，事故の原因を，誰もが事故を起こす原因となり得る周囲の環境的な要因にではなく，事故を起こした人の不注意な性格が原因となったのだと，行為者の内的な問題に帰属させる傾向がある。これを防衛的帰属とよぶ。

❹ 集団と人との関係

　日常，私たちは，家族，仲間，学校，職場などいくつかの集団の中で生活している。集団にはいろいろな心理学的な力が働いている。ここでは集団の果たす役割と人の関係と機能，リーダーシップについて学んでいく。

1. 個人と集団の関わり

(1) 集団とは

　集団とは，所属するメンバー（成員）が共通の目的をもち，相互依存的で，話し合い助け合うなどの積極的な相互作用が行われ，心理的なつながりのある者の集まりを意味する。たとえば，サッカー場で人びとが思いのままサッカー見物をしている段階では，それは集合とよばれるただの人の集まりにすぎない。しかし，好きなチーム側に分かれて共同で応援を始めるとそれは集団とよばれるようになる。さらに，応援団を中心に役割を決め，効率良く合理的に応援を進行させれば，それは組織となる（表5-4）。

表5-4　人の集まりの形態

高　↑　組織化のレベル　↓　低		
	組織	企業，組合，政党 学校，QCグループ，教団 町内会，PTA，自治会，サークル
	集団	家族，同好会，新興宗教集団，暴走族 学級集団，エンカウンター・グループ 旅行集団，同窓会，コンパグループ
	集合	講演を聴いている人びと，暴徒，デモ行進する人びと バーゲンで先を争う人びと，パニック状態の人びと バス停でバスを待つ人びと

　お互いにまったく関係のない未知の人びとの集合が，時の経過とともに集団を形成していくためには条件が必要で，その条件として以下のものがあげられる。

① 個人間の特性の類似性：性格，態度，価値観，趣味などの類似性。
② 相手に受け入れられているという知覚。
③ 群居性欲求：他者と一緒にいたいという欲求。
④ 成員間相互の物理的環境：お互いの空間的距離，地理的距離の近さ。

⑤ 集団の目標課題：個人では達成できない集団目標や課題など。
⑥ 集団のおかれた社会的状況：外部の集団に対向しての集団の結束など。

このような条件によって相互に影響されながら集団が形成され，そして成員間に何らかの相互作用が営まれてくると，地位，役割の分化が次第にみられ始め，集団が構造化されてくる。なお集団の構造化は，①コミュニケーション構造，②勢力構造，③ソシオメトリック構造などの側面からとらえられる。

(2) 集団の凝集性

集団の構造化が進むと，次第に集団に魅力を感じ，成員間の結びつきの強さ，心理的まとまりの良さがみられてくる。フェスティンガー（Festinger, L., 1950）は，これを集団凝集性とよんだ。

またカートライト（Cartwright, D., 1979）は，集団凝集性を高める要因を次のようにまとめている。①集団が成員の要求にどの程度答えられるか，②集団が成員に地位や承認を与えることの機会がどの程度多いか，③集団内の関係がどの程度協同的であるか，④集団内の成員間の相互作用がどの程度自由であるか，⑤外部からの攻撃，また外部からの好意的評価をどの程度受けるか。

集団凝集性が高まれば，社会的欲求は満足させられ，心理的安定感が得られ，集団課題解決への動機づけも高まると考えられる。たとえば，団体競技などでは，個々の選手の力はそれほどでないチームが，監督や選手のまとまりの良さで優勝することがあるように，一般に集団凝集性が高いほど活動が活発で人間関係が安定し，目的達成を容易にする。しかし，一方，凝集性の高い集団は敵対感情に対する抑制力が弱いという研究もあり，凝集性が高いので集団生産性も良いとは必ずしも言い切れない。

(3) 集団規範

集団活動が活発になり，相互作用が進むと成員間に認知，思考判断などの共通の行動様式が形成されてくる。この共有される行動の枠組みを集団規範という。この集団規範は，学校規則のように明瞭な形で成文化されることもあれば，

エチケットやマナーのように暗黙の了解的に共有されることもある。たとえばホーソン研究では，成員間に，①働きすぎてはいけない，②仕事を怠けすぎてはいけない，③仲間に害を与えるようなことを監督に言ってはいけない，④職権を鼻にかけてはいけない，などの暗黙の規範が存在していて，それに反すると制裁が加えられていたという (Homans, G. C., 1961)。各種の集団でも何らかの規範は必ず存在するもので，いったん形成された集団規範は，成員の行動の適切・不適切を評価する基準となり，成員に対して強い規制力を発揮するようになる。集団規範に基づいて行動しない場合，他の成員から冷たい目で見られたり，さまざまな心理的圧力や制裁が加えられたりする。しかし，それによって集団としてのまとまりが強化され，集団目的達成が容易になる。一方成員も規範に従うことで自分の行動や考えに妥当性が与えられるので精神的安定が容易になる。

(4) 集団の成員性

集団の一員になると成員性（メンバーシップ）によって，さまざまな規制を受けることとなる。ある集団に所属すればその集団の成員らしい振る舞いをしなければならない。一般的に人は複数の集団に所属して生活しているが，その中で自分が行動や価値判断の拠り所としている集団を準拠集団とよぶ。とくに思春期・青年期までの準拠集団は，価値観・人格の形成・自我同一性の確立に重要な役割を果たしている。次に成員性によって，内集団意識が明確になる。内集団とは，成員がいわゆる「みうち」意識を有し愛着を感じている集団である。これに対して，「よそもの」と感じている集団を外集団という。内集団意識が明確化されると，仲間意識が強くなり，精神安定を与えてくれるようになる。さらに成員性によって，成員としての誇りが生まれる。とくに周囲から評判の良い集団や，その成員になるためには厳しい条件がある集団ほど，プライドは高い。そしてそれは自尊感情の高揚をもたらす。

(5) 集団の効果
a. 社会的促進と抑制

ある課題を行うとき，1人だけで与えられた課題をする場合と，誰かが側で見ている場合，同じ課題を側で他者が行っている場合など，当然それぞれの課題遂行（仕事量・スピードなど）成果は違ってくる。オールポート（Allport, F. H., 1937）は，課題をするとき，他者が存在することで，個人の課題遂行が，促進されることを見いだし，この現象を社会的促進とよんだ。しかし，その後の他研究では，常に他者の目があることが，促進効果をもたらすとはいえず，促進効果もあれば，抑制効果もみられるといったことが明らかになった。ザイアンス（Zajonc, R. B., 1980）は，他者の存在が，個人の自覚や意欲の水準を高め，その時点で優勢な反応が生じやすくなると説明している。彼は，与えられた課題が，すでに自分にとって十分学習されている場合には正反応（成功する可能性が高い）が「優勢な反応」になっているので社会的促進効果が現われるが，習熟していない課題の時には，「優勢な反応」はまだ誤反応（失敗する可能性が高い）であることが多いので抑制効果が生ずることを説明している。すなわち，自信のある得意な課題や，成功が予測される課題については，他者の目があった方が課題遂行が促進され，逆に，不安や失敗が予測される課題については，抑制されるということである。得意と思われることに関しては

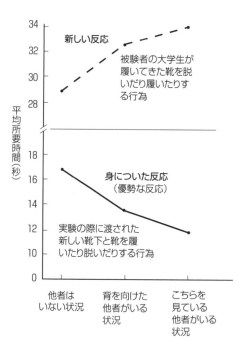

図5-7　着替えの速さにおける社会的促進
(Marks, S. R., 1977)

人前で行い，苦手あるいは自信がないことは1人で行う方が，課題遂行の効率がよい（図5-7）。

一方，集団の中では活動量がかえって減少してしまうこともある。ラタネら（Latane, B. et al., 1979）は，男子大学生に大声を出して叫ぶ課題と，手をたたいて大きな音を出す課題を1人，複数人（2, 4, 6人）の条件で行わせ，音のボリュームを騒音計で測定した。その値を音を出すのに費やされた1人当たりの努力量に換算した結果が，図5-8である。どの課題も集団の人数が

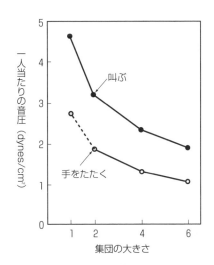

図5-8　集団の大きさが作業に及ぼす影響
（Latane, B. et al., 1979）

増えるほど1人当たりの努力量は減少している。このように1人の時の努力量に比べ集団の一員となったときの努力量が低下する現象を社会的手抜きとよぶ。この現象が生じる原因としては，集団によって責任が平等に平均化されるという責任の拡散や，作業を他の成員に任せて自分はできるだけ最小の努力でその利益を得ようとするただ乗り（フリーライダー）効果や，そのただ乗りを嫌って努力をやめようとするサッカー効果などがある。

b. 集団分極化

何らかの意思決定を行う場合，個人が1人で行う場合と，集団の全員が話し合って決定する場合とでは，決定内容が変わってくることがある。集団で意思決定をする場合，安全で成功の確率の高い方を選ぶこともあれば，危険をともなうが，もし成功すれば大きな報酬を得られる方を選ぶ場合もある。このように個人の意思決定が集団討議を経ることによって，より極端な方向へ変化する現象を集団分極化という。ワラッチら（Wallach, M. A. et al. 1964）の研究では，個人決定よりも集団討議の後の意思決定の方が，リスクの大きいものを選ぶ傾向があるという。この現象をリスキーシフトとよぶ。ワラッチらは，CDQ（choice

第I部　こころのはたらきを理解する

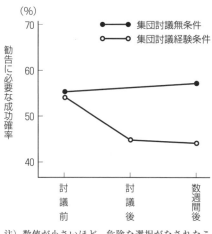

注）数値が小さいほど，危険な選択がなされたことを示す。

図 5-9　集団討議経験による意見変化
(Wallach, M. A. et al., 1964)

dilemmas questionnaire) とよばれる意思決定課題を用いて研究を行った。たとえば，重い心臓病の人が手術をしてもし成功すれば完治するが，失敗すれば命を落とすかもしれない状況で，患者に手術を勧告するためには何パーセントの手術の成功確率が必要かを回答させ，集団で討議する前後の変化を調べる。CDQには12の課題が含まれ，平均するとリスキーシフトの傾向がみられる（図5-9）。

一方，課題によっては集団意思決定は，より安全主義の方向に変化する場合があることも見いだされ，これは安全主義シフトとよばれている。これらの現象は常に生起するものとは言い切れないが，通常，集団が大勢なるがために個人の匿名性が強まり，責任の分散が行われ，決定に挑危険的行動があらわれてくるものと考えられる。したがって，集団でも，個人の責任を明確にすることは，課題遂行のための危険を減少させるうえで必要なことである。

また，ジャニス（Janis, I. L., 1985）は，凝集性の高い集団に強力なリーダーがいて，外部の情報が十分でなく，質問が自由にできず，リーダーに追従しようとする傾向がある場合，現実吟味が低下し，楽観論が蔓延し，集団は悲惨な決定を行う危険性があることを指摘している。この過程を彼はグループシンクとよんでいる。グループシンクを克服し集団の意思決定の効率を高めるためには，リーダーは自分の意見を最初にはいわず，公平に疑問や批判を受け入れ，時には外部の専門家の意見も聞き，少なくとも成員の1人には批判者の立場になってもらい討議をすること等が重要である。

c. 同調行動

集団の中で自分の考えや行動が他の成員と異なるとき,自分の意見を変化させて他の成員と合致させることを同調という。これには2つのタイプがあり,しかたなしに賛成する場合(表面的同調または追従)と,本心から賛成する場合(内面的同調)である。これに対して,決して他の成員の意見や行動に合わせようとしないことを非同調という。これにも2つのタイプがあり,自分の意見を変えないで主張し続ける場合(独立)と,反発してその行為をやめる場合(反同調)である。

同調には,集団としてのまとまりを強め,集団目標の達成を助ける働きがある。しかしその反面,いじめなどにみられるように,社会的に許されない行動が同調行動によってエスカレートすることもある。アッシュ(Asch, S. E., 1955)は,1本の標準刺激と同じ長さの線分を3本の比較刺激の中から選択するというやさしい課題(図5-10)でさえ,他の人たちが間違った選択をすればそれに同調して正しい選択ができなくなる人間の弱さを実証している。

ドイチェら(Deutsch, M. et al., 1955)は同調行動には情報的影響と規範的影響の2種類があること説明している。情報的影響とは,他の成員の意見や行動を拠り所として適切な判断をしたいという際に生じる影響であり,規範的影響とは,他の成員に承認されたい,期待にそいたい,仲間外れにされたくないとして同調するときに生じる影響をいう。間違っているとわかっていながらも同調するのがこのタイプで,とくに集団がその個人にとって魅力的であるほど生

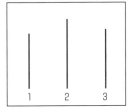 

右の線分と同じ長さの者を左の線分1〜3の中から選択する。
実験協力者はわざと違う長さの線分を選ぶ

図5-10 アッシュの実験で用いられた線分(Asch, S. E., 1955)

じやすい。また，同調しやすい人として，親和動機の強い人，集団での地位が低い人，他の人に比べて自分の能力が劣っていると思っている人，などが指摘されている。

2. リーダーシップとフォロワーシップ

(1) 社会的勢力と影響過程

　集団の中には影響力の強い人とそうでない人がいる。社会的勢力とは，ある個人が他者をある一定の方向に行動させるような潜在的な影響力のことを指す。カートライトら（Cartwright, D. 1959）は，影響を受ける側（P）が影響を及ぼす側（O）に対してどんな認知をもっているかという認知的側面から，社会的勢力を説明している（図5-11）。Oの行為によって，Pに変化が生じた場合，OはPに影響を及ぼしたといい，OがPに影響を及ぼす可能性をもっているとき，OはPに対して社会的勢力をもつという。また彼は社会的勢力を欲求に基づいて，①賞罰願望，②憧憬願望，③価値願望，④正当願望，⑤集団志向願望，⑥本来的充足の6つに分類している。また，フレンチら（French, J. et al., 1959）は同様にPがOに対してどんな認知をもっているかという認知的側面

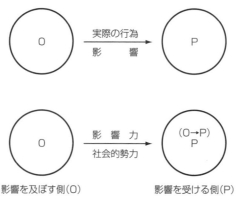

図 5-11　OとPの間の影響と社会的勢力

から，勢力を次のように分類している。
① **報酬勢力**：Oは自分（P）に報酬を与えるかどうかについての権限をもっていると認知している場合。
② **強制勢力**：Oの言うことに従わないと，自分（P）は罰せられると認知している場合。
③ **準拠勢力**：自分（P）はOに敬愛し親近感をもち，Oを同一視している場合。
④ **正当勢力**：Oは自分（P）に対して影響を及ぼすのは当然であり，自分（P）にはそれに従う義務があると認知している場合。
⑤ **専門勢力**：Oのもっている知識，技能などは自分（P）より詳しいと認知している場合。
⑥ **情報勢力**：Oのコミュニケーションは自分（P）にとって意味があると認知している場合。

カートライトとフレンチ両者の研究比較において，賞罰願望は報酬勢力と強制勢力に対応し，憧憬願望は準拠勢力に，価値願望は正当勢力に，正当願望は専門勢力に対応する。認知に基づく勢力基盤と欲求（動機）との関係が成立してくると影響力は大きい。

(2) リーダーとは

集団の中で，他の成員と比べて影響力が強く，しかも中心的な働きをしている個人をリーダーとよぶ。リーダー（leader）という単語は，リードする人，先に立って導く人，という意味である。これに対して，フォロワー（follower）という言葉があり，これは，後ろからついていく人という意味である。つまり，リーダーはフォロワーの存在があってこそリーダーとなるわけである。

リーダーが一般にもっているとみられる特性については，古くからの研究がある。ストックディル（Stogdill, R. M., 1974）は，過去約50年間に発表された124の研究結果をまとめ，リーダーとその個人的特性との関係として次のような項目をあげている。
① **能力**：知能，機敏さ，言語的能力，独創性，判断力

② **成就**：学力，知識，体力
③ **責任感**：信頼性，主導性，持続性，積極性，自信，優越欲
④ **参加**：活動性，社交性，協調性，適応力，ユーモア
⑤ **地位**：社会的・経済的地位，人気

　しかしながら，リーダーの特性として攻撃性や決断力を提示している研究もあれば，逆に，温厚さや如才なさをあげている研究もあるというように，相互にかなり矛盾している場合も多く見いだされた。結果は，研究者によりまちまちであって，一貫した結論は得られていない。つまりある集団で有能だったリーダーが別の集団でもリーダーとして活躍できるとは限らないのである。これはリーダーに要求される特性は集団の状況や環境の違いに規定されるためと考えられる。

(3) **リーダーシップとは**

　集団の目的追求過程において，特定の人がその集団ないし集団の成員に対して集団目標の達成に役立つ方向で与える影響過程をリーダーシップという。リーダーシップも他者への影響ということでは社会的勢力と同様であるが，集団目標へ向けた影響力という積極的な方向性がある点で，単なる社会的勢力の概念とは異なる。リーダーシップには，集団目標を設定し，計画を立案し，目標達成のための効果的遂行を実行し，個々の成員に配慮をもって接し，成員に満足感を与え，成員の志気を高めていく，などの行為がある。

(4) **リーダーシップの機能**

　リーダーシップを個人の特性としてとらえるのではなく，集団活動に関わるさまざまな要因のダイナミックスの中でとらえていく必要があるという認識で，リーダーシップを集団内での機能と考える立場をリーダーシップ機能論とよぶ。ある集団の機能が明らかになれば，そこに求められるリーダーシップもおのずとその特徴が明らかになる。

a. PM理論

カートライトとザンダー（Cartwright, D. & Zander, A., 1960）は，集団には次の2つの機能があると説明している。

① **目標達成機能**（Performance：P機能）：集団には目標・課題があり，その達成のために現状を的確に把握し，その活動を点検し問題点を明確にし必要な情報を取り入れ，仕事のできばえを評価し，集団の目標と生産性を向上させるという働き。

② **集団維持機能**（Maintenance：M機能）：集団内の対人関係を好ましいものに調整し，集団のまとまりを強め，集団それ自体を維持する働き。

したがって，集団が必要とするこの2つの機能を効果的に果たすべく，成員に働きかけ，影響を及ぼすことがリーダーシップであり，それを適切かつ十分に行う者がリーダーである。三隅二不二は，この独立したP機能とM機能を組み合わせて4つのリーダーシップの行動型に区別している（図5-12）。

① **Pm型**：集団目的達成には効果的役割を果たしているが，成員に気を配り，集団のまとまりを維持することには不十分なリーダーシップ。
② **pM型**：集団のまとまりには気を配るが，目的達成にはあまり十分でない。
③ **PM型**：目的達成にも成員のまとまりにも十分に効果的に影響することのできるリーダーシップ。
④ **pm型**：2つとも不十分な型。

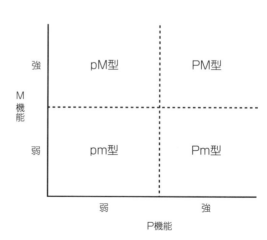

図5-12　リーダーシップ行動の4類型（三隅，1984）

表5-5　リーダーシップの型と生産性（三隅，1984）

集団生産性＼リーダーシップ・タイプ	PM型	Pm型	pM型	pm型	計
高生産群	49.4%	15.4%	15.4%	19.8%	100.0%
低生産群	21.7%	22.8%	14.5%	41.0%	100.0%

　表5-5は，三隅らが1965年から69年まで産業現場に入って得たデータの要約である。リーダーは炭坑，銀行，製鉄，工業などの各種企業の第一線監督と第二線監督者である。各職場の生産性を調べ，高い職場群と低い職場群にわけ，そこでどのような型のリーダーシップがどれだけあるかみたものである。PM型が高生産群に，pm型が低生産群に多くみられる。このようなP機能とM機能とを調和的に含むリーダーシップにおいて，集団の生産性が最も高まる。すなわち，4つの型のうちPM型が最も生産的である。なお，PM型のリーダーシップを確立するには，必ずしもPM型のリーダーが必要であるというのではなく，P型とM型の2人のリーダーによって確立することもできる。

b. マグレガーのXY理論

　マグレガー（McGregor, D., 1960）は，リーダーの根底にある人間観に注目し，それをX理論とY理論という型に分けている。X理論の人間観は，人は生まれつき怠惰であり，基本的に仕事はしたくない。だから強制や命令などの刺激を与えて外から動機づけをしなければ，集団目標の達成のため働くことはしない。自分の責任で決定するよりも，むしろ命令されるのを好み，責任を回避し，何よりもわが身の安全を望んでいる。Y理論は，人にとって，仕事で，頭脳を用い，身体を動かすのは，遊びと同じく楽しい活動である。自ら決定に参加した目標のためなら，全力で取り組むものである。献身的に働くかどうかは，目標を達成した際に得られる報酬の予期による。条件次第では進んで責任を引き受ける。ある限られた人びとだけが想像力と課題解決能力をもっているのではなく，誰もがもっている。現代の企業は従業員の能力のほんの一部しか活用し

ていない。そこでマグレガーは，Y 理論に基づく「個人の欲求と組織の要請を調和させた統合と自己統制による管理」を提唱している。すなわち，Y 理論に立って組織経営にあたることが，集団の和と生産性を高める道であると説いている。部下の管理や行動の制御だけではなく，一人ひとりの成員が仕事の意義を理解し，自己目標をもって取り組み，仕事に誇りをもてるような方向への働きかけをすることが，個人を活かすリーダーの仕事である。

c. 集団対応リーダーシップ

フィードラー（Fiedler, F. E., 1967）は，好ましいリーダーのタイプが，リーダーの個人的特性と集団と職場の特徴によって異なることを，条件即応モデルを用いて説明している。このモデルでは，リーダーが関係動機型か課題動機型かを判定するためにLPC（Least Preferred Coworker，最も苦手とする仕事仲間に対する好意的印象の度合い）指標が用いられる。最も苦手とする仕事仲間を肯定的，好意的に評定する人は高LPCであり，人間関係の維持を重視する基本的な態度をもっている。それに対し，低LPCの人は仕事の遂行を重視すると

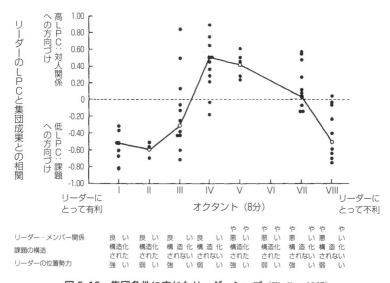

図 5-13　集団条件に応じたリーダーシップ（Fiedler, 1967）

第Ⅰ部　こころのはたらきを理解する

いう基本的態度をもっている。高LPCのリーダーが高い効果を上げうる集団状況は，低LPCのリーダーが高い効果を上げうる状況とは異なっている。このため，集団・課題状況を区分する必要がある。フィードラーは，①リーダーシップの位置勢力，②課題の構造（目標や手続きなどが明確にされている程度），③リーダーと成員の個人的関係性，の3つの要素の組み合わせから8つの状況を区分した（図5-13）。

　リーダーが高統制または低統制のいずれかに置かれている場合，低LPC（課題動機型）リーダーのほうがより効果的であるが，リーダーが中程度に統制する状況に置かれている場合には，高LPC（関係動機型）のリーダーのほうがより効果的である。

《さらに学習をすすめたい人のために》
池田謙一他（編）1990　社会心理学パースペクティブ 1, 2, 3　誠信書房
高木修（編著）2000　シリーズ21世紀の社会心理学　全10巻　北大路書房

第Ⅱ部

こころを支える

　〈こころ〉の健康に対する関心は，悩みをもつ人だけではなく，「自分らしい生きかた」，「より良い人生」を求めている人たちの間でも高まってきている。第Ⅱ部は，専門家として悩みをかかえている人を援助していこうとする人びとにも，自分自身のメンタルヘルスの維持・増進に関心をもっている人びとにも役に立つように構成されている。

6章では，人を援助する際の，基本的姿勢について学ぶ。

7章では，パーソナリティを理解するための理論的枠組みを概観し，心理検査によって具体的に自分自身やまわりの人たちのパーソナリティを理解する方法について学ぶ。

8章では，心身症や神経症など，現代人をむしばむ精神的な病について，具体的な症状に関する知識を得るとともに，症状形成の背景を理解していく。

9章では，〈こころ〉の問題をもつ人びとに対するカウンセリングの方法について学ぶとともに，健康な人の人格的成長や自己実現，創造性の開発などを目的とした援助の方法について学ぶ。

10章では，コミュニティ心理学の考えに基づいて，地域での予防や援助の方法について学ぶ。

6 こころを支える姿勢

　最近，カウンセラーの活躍が頻繁にマスコミに取り上げられるようになり，一般の人びとのカウンセリングへの関心が高まってきている。以前は，人に隠れてカウンセリングを受けていたのが，先生や友人に相談するのと同じような気軽さでカウンセラーのもとを訪れる人も増えてきている。また，人の役に立ちたいという理由でカウンセラーを志望する人も多くなってきている。しかし，専門家としてのカウンセラーの仕事は決してなまやさしいものではない。この章では，カウンセラーに求められている資質やカウンセリングに対する基本的な考え方などについて学ぶことにしよう。

❶ カウンセリングとは

　カウンセリングとは，問題や悩みに直面しそれを解決するのが困難な人に対して，問題解決を助ける相談活動である。実際に相談活動を展開するには，ただ人の話しに耳を傾けるだけではなく，自分とは何者であるのか，人間というものをどのように理解するのかなどについて，しっかりした考え方をもつことが求められる。

　カウンセリングの方法はカウンセラーの数だけある，といわれるほど多種多様である。しかし，どのような理論的立場をとるとしても，基本は，カウンセラーとクライエントの間に生じた人間関係（信頼関係）を基に相互作用を繰り返しながら，クライエントの幸せ，自律性，人間的能力を促進することにある。治療的変化は，クライエントが治療関係そのものの中で，個人的に意義深く情

緒的にも重要な新しい経験をすることによって生じるものであり，そのためには，カウンセラーの特定の技法よりもカウンセラーとクライエントとの関係がより重要なものとなってくる。

❷ カウンセラーの姿勢

　お互いがそれぞれ異なる個性をもつ人間として出会い，クライエントの人としてのあり方そのものにかかわるテーマを取り上げていくカウンセリングの過程では，専門家としての知識や技法に習熟しているだけでなく，その資質や生き方も重要になってくる。

　ロジャーズ（Rogers, C. R.）は，すぐれたカウンセラーには，客観性，個人に対する尊重，自己理解，心理学的知識が求められるとしている。ここでいう客観性とは，冷たく距離を置くことではなく，共感能力，受容的で関心をもった態度，相手の感情を深く理解するという概念が含まれている。しかし，それは，友達や家族のようにクライエントを慰めたり，同情的に話を聞いてあげたり，優しく重荷を肩代わりしてあげることではない。クライエントとの間に心理的距離を保ち，相手の感情と自分の感情を混同させないで，つかず離れずの関係で接していくことが求められている。また，クライエントは好きで問題を起こしているわけではない。カウンセラーはクライエントのすべてをあたたかく受け入れ，クライエントに対して潜在能力のある人間として敬意を払っていくことが必要である。自己理解とはカウンセラーが自分の情緒的パターンや限界，欠点などについて健全な理解をしていることである。自分自身について正確な理解ができていなければ，クライエントを先入観や偏見でみてしまうことになる。自分自身を理解し，受け入れることによってはじめて，クライエントの理解も十分にできるようになると考えられる。カウンセラーが自己理解を深めるためには，自分自身がカウンセリングを受けたり，スーパービジョンを受けることが必要となる。最後に，人間の行動に関する知識など心理学的な知識なしには満足な活動ができないのはいうまでもない。

第Ⅱ部　こころを支える

❸ カウンセラーの倫理

　カウンセリングとは，クライエントの内面世界に深く立ち入り，クライエントやその家族の生き方に深い影響を与え，時には，クライエントの生命にも関わる重大な責任を負った行為である。したがって，カウンセラーは，臨床心理士倫理綱領（表6-1）に規定されているような倫理的要請にしたがって活動しなければならない。

表6-1　臨床心理士倫理綱領の要約

第1条　自らの専門的業務の及ぼす結果に責任をもつこと。

第2条　訓練と経験によって的確と認められた技能によって来談者に援助・介入を行うものである。そのためにつねに知識と技術を研鑽するとともに自らの能力と技術の限界についてもわきまえておく。

第3条　業務従事中に知り得た事項に関しては，必要と認めた以外の内容を他に漏らしてはならない。

第4条　来談者の人権に留意し，査定を強制してはならない。

第5条　つねに来談者が最善の専門的援助を受けられるように努める必要がある。来談者又は関係者との間に私的関係をもたないこと。

第6条　他の臨床心理士及び関連する専門職の権利と技術を尊重する。

第7条　研究に際しては，来談者や関係者の心身に不必要な負担をかけたり，苦痛や不利益をもたらすことを行ってはならない。

第8条　公衆に対して心理学的知識や専門的意見を公開する場合には，公正を期すること。

第9条　倫理綱領に違反することがないように相互の間でつねに注意しなければならない。

（日本臨床心理士資格認定協会，2003をもとに作成）

④ 治療の枠組み

　カウンセリングにおけるカウンセラーとクライエントの関係は，クライエントがこれまでに経験したどのような人間関係とも異なるものである。したがって，その後の面接を円滑に展開していくために，初回面接での場面構成は重要である。一般的なカウンセリング場面での場面構成は表6-2のとおりである。
　カウンセリングを行う部屋は，プライバシーが守られる必要があり，声が外に漏れず落ち着いた雰囲気で話ができることが条件となる。面接は，1回50分で，週に1回のペースで行われることが多い。時間の制限があることにより，クライエントは，限られた時間を有効に使うため自分にとって最も重要なことを話そうとし，より大きい問題に対決するようになる。費用は，児童相談所などの公の機関では無料のことが多いが，民間の機関では有料になる。カウンセラーとクライエントの双方がそこで行われる行為に責任をもつという意味で，クライエントの経済的な負担にはなるが有料の方がよいとされている。カウンセリングでは個人の秘密に関する事柄がとりあげられるので，秘密の保持には十分な配慮が必要である。カウンセラーはクライエントとともに目標に向かっ

表6-2　カウンセリングでの場面構成

1　相談面接の場所を設定すること
2　相談日時についての取り決めをすること
3　相談費用についての情報を提供すること
4　時間の制限をすること
5　相談された内容は一切秘密が保持されること
6　相談を行うことによって得られる一般的な結論を伝達すること
7　セラピストの責任を伝達すること
8　相談場面でのクライエントの話題や感情表現は自由であること

(内山ら，1984，p.83より抜粋)

第II部　こころを支える

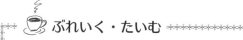ぶれいく・たいむ

専門家のこころも疲れきっている…燃え尽き症候群

　燃え尽き症候群はフロイデンバーガー（Freudenberger, H. J.）によって提唱された概念で，それまで精力的に仕事をしていた人が，なんらかのきっかけで燃え尽きるように活力を失った時に示す心身の疲労状態をいう。身体的には，慢性的な倦怠感，頭痛や胃痛，風邪をひきやすくなるなどさまざまな症状が出てくる。精神的には，不眠や過眠，仕事に関する悪夢，不安感からくる落ち着きのなさ，決断力のなさ，責任ある仕事への恐れなどがあらわれる。また，ストレスを家庭内に持ち込むことで，家族とのトラブルが生じ，その葛藤から本人や家族にさまざまな神経症のような症状がでてくることもある。この症状に陥りやすい人の性格特徴としては，カリスマ的，エネルギッシュで気が短く，高い理想をもって仕事に取り組む，などがあげられている。職業的には，高度な対人共感性を必要とし，極度に心理的疲労をともなう職業，たとえば医師や看護師，臨床心理士，社会福祉関係の仕事に就いている者，などに多い。このような職業にたずさわる人が，クライエントと適当な距離をおいて接することに失敗し，クライエントの感情動揺に巻き込まれ，疲労が重なった時，自己卑下や仕事拒否に陥り，クライエントに対する関心と共感能力の喪失が生じる。燃え尽き症候群に陥るのを予防するためには，自分のペースを心得たバランスのとれた生活を送ることである。具体的には，1日のうち一定時間，趣味など自分の好きなことに没頭することがよいとされている。

（吉武光世）

て努力はするが，目標の達成を保証することはできない。したがって，この段階でクライエントに伝えられることは，経験例などを出して，心理療法を行うことによって得られる一般的な結論を伝えることである。カウンセリングでのカウンセラーの役割や，これからクライエントとの関係の中で行おうとしていることも伝えておくことは重要である。治療場面でのクライエントの話題や感情表現が自由であることを保障しなければならないが，カウンセラーへの暴力や面接室内での破壊的な行動は制限されなければならない。

❺ カウンセリングの流れ

1. 初回面接

　何事においてもはじめは肝心であるが，とくにカウンセリングでは，クライエントとカウンセラーとの関係の始まりである初回面接は重要である。クライエントはさんざん迷ったあげく，ようやくの思いでカウンセラーを訪れることが多い。初めて会うカウンセラーがどのような人なのか不安と緊張を感じている。また，理解して欲しい，よくなりたいという気持ちと，今のままでいたい，変わりたくないという気持ちの間を揺れ動いていることが多い。初回面接では，このようなクライエントと信頼関係を形成し，クライエントのかかえる問題についての情報を得，変化しようとするクライエントの決意を支援するとともに，治療的枠組みを明らかにし治療契約を結んでいく。

2. 中心期

　目標に向かって進んでいく時期であるが，クライエントが何回か継続して来所したにもかかわらず面接が中断されたり，抵抗や転移（第9章参照）が生じたり，クライエントの沈黙にカウンセラーが不安に陥ったり，といった難しい問題も生じる。しかし，その時々のクライエントの気持ちを見逃さず，的確に受けとめていけば，クライエントの自己理解が深まり，治療関係は発展していく。

3. 終結

　人生において出会いがあれば必ず別れがあるように，クライエントと良い関係が保たれていたカウンセリングも，一定の目的が達成された時点で終結されなければならない。河合隼雄（1970）は「非常に気持ちのいい終結」の目安と

して，①自己実現という観点から見て，クライエントの人格に望ましい変化が生じたこと，②クライエントの訴えていた症状や悩みなど外的な問題についても解決されたこと，③内的な人格変化と外的な問題解決の関連性がよく了解されること，④以上の3点について，カウンセラーとクライエントが話し合って了解し合い，カウンセリングによってなした仕事の意味が確認できること，の4点をあげている。

　具体的なクライエントの変化としては，外見的には容姿や服装が自然なものになり落ち着きがみられるようになる。また，自分に対する見方が変化し，ありのままの自分を受け入れられるようになり，自分以外の物事や人間に対する見方も現実的合理的なものになってくる。そして，成長していく人間としての自分に気づき，将来の展望が開けてくる。クライエントのこのような変化にともない，クライエントと関わりをもつ人びととの行動も良い方向に変化し始める。

　最終面接では，カウンセラーもクライエントも何かを失うような感じをもつことが多い。しかし，カウンセラーは，再出発していこうとするクライエントを暖かく見守り，別れを告げなければならない。実際の終結は，急激にしないで，段階的に面接回数を減らしていくのが理想的である。また，別れていくクライエントに対して，「もしまた必要が生じたら，いつでも来るように」と伝えておくことを忘れてはならない。

《さらに学習をすすめたい人のために》
山鑪幹八郎・名島潤慈（編著）2000　新版 心理臨床家の手引　誠信書房
山本次郎　1999　カウンセリングの実技がわかる本　コスモス・ライブラリー
河合隼雄　1999　カウンセリングを語る上・下　講談社
金沢吉展　1998　カウンセラー――専門家としての条件　誠信書房

7 こころを診る

 自分のことをわかってもらいたい，相手のことをよく理解してあげたい，という気持ちは多くの人に共通のものである。しかし，十人十色という言葉があるように，人それぞれ個性があり，同じような状況でも，まったく異なった反応がみられることも多く，人を理解するのは容易なことではない。本章では，パーソナリティについてのさまざまな理論を学び，人間理解の手がかりを得ていくことにしたい。

❶ パーソナリティとは

 私たちの行動はその時の状況によって変化する。同じ人でも，厳しい先生の前と仲の良い友達の前とでは行動や態度が違ってくることがある。ところが，特定の人をよく観察していると，その人らしい行動の仕方，考え方があることがわかり，その人の行動を予測できるようになる。このように，「その人らしさ」を特徴づけている基本的な行動傾向をパーソナリティという。
 一般的には，パーソナリティ（personality）は性格と同じような意味で使われることが多いが，その語源がギリシャ悲喜劇で用いられた仮面（ペルソナ）にあるように，人が環境に適応していく際に周りの人に示す顔や態度が含まれていると考えられる。したがって，ここでは，性格，知能，態度，価値観など環境に対する適応機能全体を含めた，個人の心理的体制全体をパーソナリティとよぶことにする。

第Ⅱ部 こころを支える

❷ 性格の諸理論

1. 類型論

　私たちの性格はそれぞれ微妙に異なっていて，まったく同じ性格の人はいない。しかし，明るくて活発な人たちがいるかと思うと，おとなしくて控えめな特徴をもった人たちがいることも事実である。このように，多様な人間の性格から共通なものを見いだし，性格をいくつかの型に分類していこうとするのが類型論である。類型論には，身体的特徴や体質に類型のよりどころを求める立場や，社会・文化的な面を含めた心理的特徴を基準とする立場などがある。代

表7-1　クレッチマーの体型説 (Kretschmer, 1961)

	一般的特徴	性　質	体　型
分裂気質	非社交的 静か 内気 きまじめ 変わり者	☆過敏性 (臆病・はにかみ・敏感・神経質・興奮しやすい) ☆鈍感性 (従順・お人よし・温和・無関心・鈍感・愚鈍)	細長(痩身)型
そううつ気質	社交的 善良 親切 暖か味がある	☆そう状態 (明朗・ユーモアがある・活発・激しやすい) ☆うつ状態 (寡黙・平静・気が重い・柔和)	肥満型
粘着気質	熱中しやすい 几帳面 凝り性 秩序を好む	☆粘着性 (忍耐強い・頑固・軽快さがない・礼儀正しい) ☆爆発性 (ときどき爆発的に怒りだす)	闘士型

(詫摩，1990 より)

表的なものとしては，クレッチマー（Kretschmer, E.）やシェルドン，ユングの類型論があげられる。

　クレッチマーは，精神病の種類と患者の体型に密接な関連があることを見いだし，体型に基づいた性格の類型化を試みた（表7-1）。

　類型論的見方は，全体として人を理解したり，質的にみていく場合に有用である。しかし，多様な性格を少数の型に分類するため，中間型や移行型が無視されやすい，類型に含まれる特徴だけが注目されその人のもつ他の面が見落とされる，性格を静的なものとみて，性格形成に及ぼす環境的な要因が軽視されている，などといった批判がある。

2. 特性論

　特性とは，社交性，主観性，活動性，などのように性格を構成する基本的単位で，程度の差はあっても誰でもがもっているものである。この方法では，「気軽に誰とでもつきあえる」，「たびたび元気がなくなる」，といったような具体的な行動傾向を表わした多数の質問を作り，それに対する回答を因子分析し，多くの人に共通な基本的性格特性を取りだす。各人がそれぞれの特性をどの程度もっているかを測定し，これらをプロフィールで表わし，個人の性格をみていく。特性論の代表的な研究者にはオールポート，キャッテル，アイゼンクなどがいるが，ここではアイゼンクの理論についてみていくことにしよう。

　アイゼンク（Eysenck, H. J.）は，性格は階層的構造をしていると考え，類型の下に特性を，特性の下に習慣的反応を，さらにその下に個別的反応のレベルがあるとした（図7-1）。

　第1のレベルは，電車で友達が声をかけてきた，というような日常場面でみられる具体的な行動で，個別的反応とよばれる。第2のレベルは，さまざまな状況の中で繰り返し現れる行動で，習慣的反応とよばれる。これは，前述の友達が，先生や近所の人などにも親しくあいさつしているような場合である。友達の行動パターンが人といるのが好き，友達はすぐできる，などという特徴と

第Ⅱ部 こころを支える

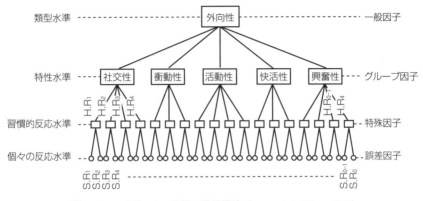

図7-1 アイゼンクの性格の階層構造 (Eysenck & Wilson, 1975)

相関が見いだされれば，これらは社交性という第3レベルの特性にまとめられることになる。第4のレベルは，類型で，この場合は，社交性という特徴が活動性や冒険性などという特徴と相互に高い相関をもちつつまとまり，外向性とよばれるようになる。このようにして，アイゼンクは，性格の基本的な次元（因子）として，内向性－外向性，神経症的傾向，および精神病質的傾向の3つの次元を見いだした。

特性論は，因子分析という統計的手法に基づいた客観的な手法であり，個人間の比較も詳細にできる。個人の性格を測定する場合にも有効で，アイゼンクのモーズレー性格検査（MPI）をはじめとして，質問紙法による性格検査がたくさん生まれている。しかし，どのような資料を分析の対象とするかによって得られる因子の種類が異なってしまう。また，個人の全体性や独自性が見逃されやすいという問題点も指摘されている。

3．精神分析的なアプローチ

フロイト（Freud, S.）は（第9章参照），催眠療法を用いてヒステリーなどの神経症患者を治療する過程で，人間のこころの中には自分自身でも気がつかな

い無意識の領域があることを発見した。彼は，この無意識という概念を用いて，性格の仕組みや神経症がどのように形成されるかを説明した。ここでは，フロイトの性格理論とフロイトから大きな影響を受けたユングの類型論について取り上げる。

(1) フロイトの性格理論

　フロイトは，人のこころには意識，前意識，無意識の領域があり，さらにこれらの領域には，イド，自我，超自我の3つの機能があると考えた（図7-2）。

　前意識は，ふだんは思い出さないが，必要があれば「そういえばこんなことがあった」と意識化できるものである。無意識は，抑圧された記憶が保持されているところで，自分で努力しても思い出すことができず，精神分析によってはじめて意識化される。

　イドは，無意識の領域にあり，そこには，リビドーという，人の行動や発達の原動力となる本能的（性的）エネルギーが蓄えられている。生まれたばかりの赤ん坊は，お腹がすいてくれば場所や時間に関係なく乳を求めて泣き続ける。このように，イドも，現実を考慮して，適当な対象を選んだり，時期がくるまで待つということができず，ただちに内部に生じた欲求を満たそうとする。しかし，どんなに空腹で，食べ物のことばかり思っていても，現実に食べ物が口に入らなければ，空腹感はなくならない。したがって，イドだけでは私たちは現実の生活に適応することができない。

　自我は外界と接している。自我の役割は，現実とよくにらみあわせながら，イドの欲求を最も良い方法で満足させるにはどのようにしたらよいかを考えたり，見とおしを立てたりすることである。自我はイドの欲求をすぐに満たすことが現実的に困難だと判断すれば，イドを抑えてしばらく我慢させたり，一時しのぎの方法を考えたりする。

　超自我は，両親のしつけや先生の教えなどを通して，性格に組み込まれた良心や道徳的な基準である。超自我の主な機能は，イドの衝動，とくに性的なものや攻撃性が外にでることを抑えることや，自我が理想を追求し，道徳的なこ

第Ⅱ部　こころを支える

【超自我 (super ego)】
・道徳性・良心（社会や両親のしつけによる社会規範や価値観）
・イドの本能的衝動（性的・攻撃的行動）を抑える
・自我の機能を現実的なものから理想的，道徳的なものにする
・快楽ではなく完全を望む

【自我 (ego)】
・人格の中の意識的・知性的側面
・現実法則に従う（適切な現実的対応）
・二次過程（心の中の対象と外界の対象を区別する過程）
・認知機能（内的，外的現実を論理的に把握する）
・執行機能（意志決定し，行動に移す）
・統合機能（判断や行動に統一性をもたせる）
・防衛機能（統合性を維持するための自己防衛）

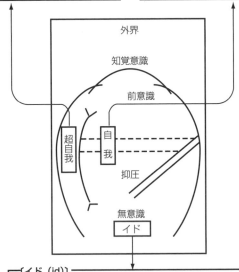

【イド (id)】
・人格の中の無意識的・原始的側面
・心的エネルギー源，行動の源
・生得的な本能的衝動
・幼児期に抑圧されたさまざまな観念
・快楽原則に従う（快を求め，不快を避ける）
・非論理的（行動を統一する機能をもたない）
・反道徳的（価値・道徳的判断をもたない）
・一次過程（緊張除去のためのイメージの形成）

図7-2　フロイトの性格構造論
(瀧本，2003, p. 15)

とに価値をおくよう監督することである。

これら3つの機能が相互に関連しながら、人のこころを構成し、具体的な行動を決定する。イド、自我、超自我の関係は、馬と騎手および馬を走らせるルールにたとえることができる。馬という走るエネルギーがないと騎手は動くことができない。しかし、騎手はいつも馬が行きたい方向に走らせるわけではない。ルールを念頭におきながら、馬の状態もよく見きわめて、手綱をとってい

表7-2　主な防衛機制

種類	内容
抑圧	苦痛な感情や欲動、記憶を意識からしめ出す。
逃避	空想、病気、現実、自己へ逃げ込む。
退行	より未熟な発達段階に戻る。
置き換え	欲求が阻止されると、要求水準を下げて満足する。
転移	特定の人に向かう感情をよく似た人に向ける。
転換	不満や葛藤を身体症状に置き換える。
昇華	反社会的な欲求や感情を、社会的に受け入れられる形に置き換える。
補償	劣等感を他の方向で補う。
反動形成	本心とは逆の態度や行動の型を誇張し、それを障壁とすることによって危険な願望が表出されることを防ぐ。
打消し	不安や罪悪感を別の考えで打ち消す。
隔離	思考と感情、感情と行動が切り離される。
取入れ	相手の属性を自分のものにする。
同一視	相手を取入れて自分と同一と思う。
投射	相手に向かう感情や欲求を、相手が自分に向けていると思う。
合理化	責任転嫁
知性化	感情や欲動を意識化しないで、知的な認識や考えでコントロールする
逆転	感情や欲動を反対物へ変更する。（サド→マゾ，愛→憎しみ）
自己への反転	相手に向かう感情や欲動を自分に向け換える。
自己懲罰	罪悪感を消すために、自己破壊的な行動をとる。
合体	相手にのみこまれる。
解離	人格の統合が分離してしまう。

（前田, 1985を一部改変：坂野ら, 1996, p.14)

く。このように,自我も超自我の要請に応じながら,現実を考え,衝動を満足させていく。

しかし,いつも事が順調に運ぶとは限らない。自我の力では対処できないような困難に直面すると不安が生じる。このような時に自我が用いる無意識の調整機能が,防衛機制とよばれるものである(表7-2)。

フロイトは,また,リビドーが精神発達と関係しているとし,リビドーがどのような形で,どの器官で活動し,その充足がはかられるかという見地から発

表7-3 フロイトの発達段階理論

発達段階	時 期	特 徴
口唇期	生後1年半ぐらいまで	・親の保護にまったく依存している。 ・乳を吸う活動を通して,口唇粘膜の快感を楽しむ。 ・授乳者である母親との関係によって性格の基本となる安定感・無力感あるいは人に対する信頼感を形成。
肛門期	生後8ヵ月～3,4歳	・肛門や尿道の括約筋が完成し,排泄のしつけがなされる。 ・身体の内部から外部へ出すことにともなう快感を味わう。 ・排泄訓練により自分自身をコントロールすることを学ぶ。
男根期	3,4歳～6,7歳	・異性の親に対する性愛的愛着,同性の親に対するライバル意識や嫉妬を抱く(エディプス・コンプレックス)。 ・父親に敵意を抱くことが罪悪感を生じさせ,不安・恐怖を招く(去勢不安)。 ・父親をライバル視するのをやめてモデルとするようになる(同一視)。
潜伏期	児童期	・去勢不安により,抑圧された性的衝動が一時潜伏。 ・関心が勉学や遊びに向き,人間関係は家の外の友人関係に拡張。 ・友人関係は同性中心で,それを通じて男らしさ・女らしさが強調される。
性器期	思春期～成年期	・身体的成熟が急激に進む。 ・他者を強く意識し,他者との比較によって自己を評価し,自己を強く意識する。 ・理想的自己と現実の自己とのギャップを意識しながら主体的自己を形成。 ・異性との間に相互的で親密な関係をつくろうとする。

(瀧本,2003,p.17)

達段階を，口唇期，肛門期，男根期（エディプス期），潜伏期，性器期の5つの段階に分類した（表7-3）。そして，各段階での身体的部位によって得られる快感をどのように受け取るかが，性格の形成に影響すると考えた。性格の形成が口唇期の段階に固着したものが口唇性格とよばれ，受動的，依存的で，他人に甘える，他人を頼りにするといった特徴がある。肛門期の排泄とこらえることを基盤とした性格は，肛門性格とよばれ，几帳面，けち，所有欲，頑固，強情といった特徴があり，強迫神経症の基礎をなす性格と考えられた。男根期は，男根期自己愛的性格といわれ，無意識的には絶えず去勢不安におびえているが，表面的には過度に尊大，自信過剰，自己顕示的，誇大感といった特徴がある。

　フロイトの理論については，多くの飛躍がある，実証が困難で妥当性の検討も不十分であるという批判がある。しかし，性格を力動的に理解していく方法は，神経症などの精神的な問題を扱う臨床の場では有用である。また，今日，心理学や精神医学のみならず，文学，芸術，文化人類学などさまざまな分野に及ぼした影響も大きい。

(2) ユングの心理学的類型論

　分析心理学という新しい体系を確立したユング（Jung, C. G.）は，人間には関心や興味が外のできごとや自分のまわりの人びとに向かいやすい人と，その反対に，自分のこころの世界に向きやすい人がいる，ということに注目して，人間には外向型と内向型の2つの基本的態度があると考えた。外向型の人は，感情の表現が率直で，気分の変化が早く，あっさりしていて陽気である。社交的で，好奇心が強く，交友範囲は広い。しかし，物の受けとめ方や考え方は表面的で，障害にぶつかると挫折しやすいという面もある。内向型の人は，感情が表面に出ず気分の変化は少ない。内気で，気難しく，気軽に人とつき合うのは苦手である。一見，自信に乏しいように見えるが，いったん思いこむと粘り強く取り組んでいく。この2つのタイプの違いは慣れない場面での行動に特徴的に現われる。たとえば，入学式の後，はじめて教室に入ったとしよう。まわりに知っている人が誰もいないような場合でも，外向型の人は積極的で，適当

に人に話しかけ，前からずっとそこにいたかのようにスムーズに溶けこむことができる。一方，内向型の人は，消極的で，はじめはぎこちなく黙りこんでしまい，なかなか友達もできない。しかし，日がたち，しだいに雰囲気に慣れてくると，独創的な考えを述べたりして，まわりを驚かすこともある。

ユングは，精神分析的な考えを継承しているため，意識的な態度に対して，無意識の態度という概念も用いた。内向型の人を例にとると，意識の態度が内向型なので，無意識の中にはそれと反対の外向的な態度が存在し，意識の態度が強調されすぎると，無意識の態度が補償的に働く。このような考え方は，ふだんおとなしく小さな声しか出さない人がカラオケにいくと，突然人が変わったようにマイクをもって離さない，というような一見矛盾した行動を説明するのに有用である。

ユングは基本的態度のほかに，心理機能として，思考・感情・感覚・直観の4つをあげている。思考とは，花びんに飾ってある花を見て，何科の植物に属するとか，花びらが何枚あるかなどといったことに着目するもので，その花が好きか嫌いかを決めるのが感情，花の感触や香りに注目するのが感覚，花を見ていて突然5角形の性質を思いつくのが直観である。人はこの4つの機能のうちどれかひとつを最も得意とする心理機能として働かせている。思考と感情，感覚と直観は対立関係にあり，思考が発達している人は感情が未発達というように，対立関係にある機能は未分化な劣等機能として無意識の中に隠れている（図7-3）。内向型，外向型という基本的態度と4つの心理機能を組み合わせると8つの性格類型ができあがる（表7-4）。

ユングの類型論は，個人をある型にあてはめることを目的としたのではなく，これらの型をひとつの基点として個人の特性を

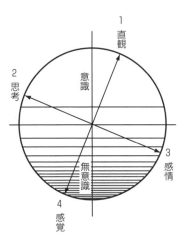

図7-3 ユングの心理機能
（河合，1967，p.25）

表7-4 ユングの外向型・内向型分類

	外向型	内向型
感情的側面	・情緒の表出が自由で活発。 ・気分の変化が早い。 ・あっさりしていてあきらめも早い。 ・陽気で心配することが少ない。	・感情の表出は控え目。 ・気分の変化は少ない。 ・気難しい。 ・内気で心配しがちである。
意志的側面	・精力的で独立心が強く，指導力がある。 ・決断が早く実行力も旺盛である。 ・慎重に考慮しないで着手し，失敗することもある。 ・飽きやすく気持ちが変わりやすい。 ・新しい状況に対する適応は早い。	・自分が先に立って行うことより，他人に従うことが多い。 ・思慮深いが実行力は乏しい。 ・やり始めたことは良心的に粘り強く行う。 ・凝り性。 ・新しい事態への適応には時間がかかる。 ・他人とのかかわりが少ない仕事を好む。
思想的側面	・常識的で奇をてらうようなことがない。 ・概して折衷的である。 ・他人の考えをよいと思えば抵抗なく受け入れる。	・ものごとに対して懐疑的，批判的である。 ・理論的分析に長じている。 ・自説に固執し，ときに些細なことにこだわり大局を見失う。
社会的側面	・広い範囲の人と交際する。 ・流暢な話し方と巧みな機知をもって明るく，楽しく談笑することを好む。 ・他人におだてられたり，だまされたりすることもある。	・交友範囲は狭い。 ・多くの人と気軽につき合うことが不得手である。 ・おとなしいが自分に対する他人の意見や批判に敏感で感情を傷つけられやすい。

(瀧本, 2003, p.58)

理解しようとした点に特色がある。

❸ パーソナリティ理解の方法

1. パーソナリティ・アセスメント

　近年，性格の「診断」というかわりに，「アセスメント（査定）」という表現

第Ⅱ部 こころを支える

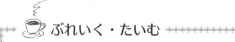ぶれいく・たいむ

血液型から性格がわかるか…血液型性格学

　近年,「あの人と気が合わないと思っていたら,やはりB型だったのね」,「私の性格は典型的なA型です」といった,血液型から性格がわかるというような会話を耳にすることが多く,こういったことがらへの人びとの関心の強さがうかがわれる。

　血液ではないが,体液と個人の性格との関連に注目したのが,ローマのガレヌスであった。彼は,当時,人間の体に存在すると考えられていた黒胆汁,粘液,黄胆汁,血液の4種類の体液のうち,どれが優勢かによって,個人の性格ができあがると説明した。この学説は体液説が否定されてからも性格の分類に影響を与えてきた。

　日本ではじめて血液型と性格の関係を取り上げたのは,1927年の古川竹二の研究である。しかし,この学説もその後の調査の結果,科学的根拠がないことがわかった。ところが,1973年ころから女性向けの雑誌に取り上げられるようになり,再び血液型性格学のブームが復活した。

　今日,血液型と性格の関連性については,多くの性格検査によって否定されているが,詫摩らの研究(1985)で興味深い事実が浮かびあがった。すなわち,血液型性格学を信じる人には,人づき合いが好きで,人と一緒にいたいという気持ちが強く,権威のあるものに従いたいという欲求が強いことが認められたのである。「血液型と性格には関連性がある」という信念は,血液型ステレオタイプとよばれている。

（吉武光世）

が用いられるようになってきた。これは,臨床場面では,クライエントの現状を診断することだけではなく,治療計画の立案や具体的な治療方針の決定,治療効果判定のための基礎資料が必要であると考えられるようになったからである。

　アセスメントの方法としては,観察法,面接法,心理検査法などがある。観察法は,さまざまな条件のもとで人の行動をありのまま観察し,行動の特徴や法則性を明らかにする方法である。観察の方法としては,自然観察法と実験的観察法があり,記録の方法としては,逸話記録法,チェック・リスト法,評定尺度法などがある。面接法は,対象者と直接に会い,一定の時間をかけて話しを聞いていく方法で,資料を収集することを目的とした調査的面接と,クライ

エントのこころのいやしを目的とする臨床的面接に大別される。この方法では，言語的なコミュニケーションだけではなく，対象者の表情や視線，動作や姿勢，話の間などの非言語的コミュニケーションから得られる情報も多い。

心理検査法は，さまざまな心理検査を用いてパーソナリティを理解していこうとする方法である。心理検査は，病院臨床では，病態像を理解したり，治療方針を立てたり，予後の予測のために用いられることが多い。矯正の場では診断のため，学校や職場などでは個人の適性をみるため，あるいは不適応状態を早期に発見して問題行動を未然に防ぐためのスクリーニング・テストとして，産業界では新規採用者の選抜などに使用されている。

現在，考案されている心理検査は多種多様で，日本国内だけでも100種類を上回るといわれている。このようなたくさんの心理検査の中でどの検査を採用するかは，検査の目的，検査を受ける人の状態，臨床家のよって立つ理論的基盤などによって異なってくるが，実際に使用されている検査はほぼ似通ったものとなっている。

臨床場面で活用されている心理検査は，心的機能の情緒的側面を測定する性格検査と，知的機能を診断する発達検査や知能検査などに大別することができる。これらの検査は，どのような人を対象とするかによって，成人用，児童用，幼児用に分類されたり，実施形態によって，個別式と集団式に分けられたりする。また，性格検査は，検査の方法によってさらに質問紙法，作業検査法，投影法の3つに分けられる。

2. 心理検査法

(1) 質問紙法

性格を表わすいくつかの質問項目に対して，「はい」「いいえ」「どちらでもない」のような回答をしていくことで，その人の性格をみていく方法である。心理臨床の場で最もよく用いられている質問紙法として，アメリカではMMPI（Minnesota Multiphasic Personality Inventory，ミネソタ多面的人格目録），日本で

第II部　こころを支える

はYGPI（矢田部・ギルフォード性格検査）があげられる。

a. MMPI

ミネソタ州民を母集団として，精神障害の診断のために作成されたが，健常者の性格や行動特徴もわかるようになっている。この検査は4個の妥当性尺度と10個の臨床尺度からできていて，質問項目は550ある。妥当性尺度では，被検者が質問を正しく理解できたか，回答を故意に，あるいは無意識にゆがめていないかをチェックする。臨床尺度は精神病理を測定すると仮定されている。検査の結果は，各尺度の得点の高低や，「全体的に右下がりの形をしている」

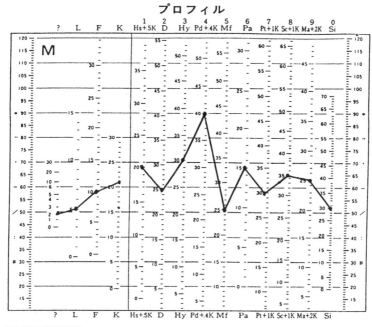

MMPIの臨床尺度
1. 心気症尺度（Hs）　　2. 抑うつ性尺度（D）　　3. ヒステリー性尺度（Hy）
4. 精神病質的偏倚性尺度（Pd）　5. 男子性・女子性尺度（Mf）
6. パラノイア尺度（Pa）　　7. 精神衰弱性尺度（Pt）　8. 統合失調症尺度（Sc）
9. 軽躁性尺度（Ma）　　　10. 社会的向性尺度（Si）

図7-4　MMPI®のプロフィール例（部分掲載）

（©1943, 1965, 1966, University of Minnesota　（三京房承認済））
MMPIは株式会社三京房の登録商標である

などというように，各尺度間の関係を表わしているプロフィールの形をもとにして解釈される．図7-4（MMPIのプロフィール例）では，Pd尺度の得点が高く，猜疑心が強く，人とのあたたかい触れ合いが保てない性格特性がうかがわれる．

b．YGPI（矢田部・ギルフォード性格検査）

ギルフォードが考案した性格検査を矢田部が日本人に適するように作成したものである．この検査は性格特性を表わす12の尺度からなり，質問項目は120ある．結果の解釈はMMPIと同じように各尺度の得点やプロフィールの形によって行われる．図7-5からは，社交性に富み，行動は積極的で，リーダーに向いた性格傾向がうかがわれる．

YGPIは，MMPIとくらべて質問項目が少ないので，比較的短時間で実施できるという利点はある．しかし，妥当性尺度がないので検査に対する被検者の態度をチェックできないという問題点も指摘されている．

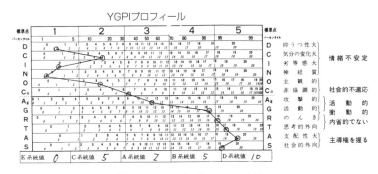

図7-5　YGPI® プロフィール例
（YGPI用紙より部分転載）
®は日本心理テスト研究所株式会社の登録商標であることを示す

c．エゴグラム

バーン（Berne, E.）が創始した交流分析の「人は誰でも自分の内部に親，大人，子どもの3つの自我状態をもつ」という考え方をもとにしている（第9章，pp.186-187参照）質問紙法である．

この自我状態のうちどれが主導権をにぎっているのか，心的エネルギーの割

第Ⅱ部　こころを支える

① 19歳　女子学生
　私はAC優位タイプである。協調性があり，従順である。しかし，遠慮がちで，依存心が強く，自主性がない。感情を内に込めて，自分の意見などがあまり言えない。自分から何かをする事があまりない。お人よしであり，計画性がなく，自分の考えをまとめたりすることが苦手で，理論的なことも苦手である。この結果はけっこう自分にあっていて，その通りだと思った。

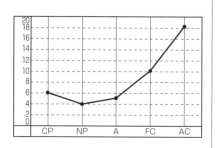

② 19歳　女子学生
　私は打算的に自分の独断で行動してしまうことがある。また，どちらかというと失敗に厳しく，「残念だったね」と思うより，「どうして出来ないのだろう」などと思ってしまう。物事への関心もあまりなく，のめりこむ，夢中になる，ということはめったにない。相手に共感するよりもむしろ自分の意志を通してしまう傾向がある。中途半端なことは嫌いで，完全主義的な面が強いと思う。好奇心が強く，その時の気分に左右されることもあり，周囲を振りまわしてしまう。自分の意志で行動しようとするので，物事について偏見をもってしまうこともある。

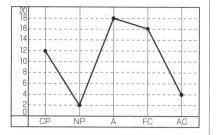

③ 20歳　女子学生
　NP，FCが高めで，あねご肌といえる。奉仕活動（ボランティア）は好きだが，感情的で過度な干渉をしてしまうこともある。あけっぴろげで自発的だが，それがわがまま，自己中心となってしまうのかもしれない。結果はほぼ当たっていると思う。普段意識していないがこんなにはっきり出てしまうと，今後の行動に気をつけたいと思う。

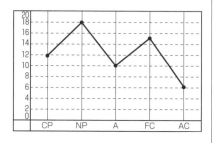

図7-6　エゴグラムからの気づき
（吉武・久富，2001，p. 13）

り振りはどうなっているかを図式化し，人格パターンが一目でわかるように開発されたのがエゴグラムである。この検査の特徴は，被検者自身が自分を評価して，自分のエゴグラムパターンに気づき，それを自己実現の手段として用いることができるという点にある。エゴグラムから正しい自分の姿をつかむためには，自分のエゴグラムについてどの自我状態が優勢か，自分はどんな性格かなどについて短い文章に書いてみるのもよい方法とされている（図7-6）。

　さあ，あなたもエゴグラム・チェックリスト（p.225参照）を用いて自分のエゴグラムの特徴を書いてみよう。

　質問紙法は，実施が簡単で多くの人に同時にできる。また，結果の処理が客観的に行われ，誰が採点しても同じ結果を得ることができるという利点があるため，専門家以外の人びとにも気軽に利用されてしまうことがある。学校で，授業の一環として検査を受け，手引書どおりの結果を知らされてショックを受けるというようなことも生じる。心理検査の利用にあたっては，検査の必要性を十分に検討したうえで実施することが大切で，ただ面白そうだからという安易な気持ちで検査を行うことは慎むべきである。質問紙法は，被検者の内省による自己評定であるため，被検者が意識的に反対方向に回答したり，無意識的に防衛が働き回答を歪めてしまうおそれがある。また，質問の意味が多義的で，被検者によってその解釈が異なってしまうこともある。知的に問題のある人や言語能力の未発達な幼児には向かないといった問題点もある。

(2) 作業検査法

　作業検査法は，一定の作業を課し，作業経過をみることによって被検者の性格を測定しようとするものである。代表的なものとして，内田クレペリン精神検査があげられる。

　この検査は，連続加算法を用いてドイツのクレペリンが行った研究を，日本の内田が心理検査として発展させたものである。1桁のたし算を1分ごとに行を変えさせながら前半15分，5分の休憩をはさんで後半15分行う。

　作業検査法は，被検者には能力検査と理解され，検査の意図を推測すること

第Ⅱ部　こころを支える

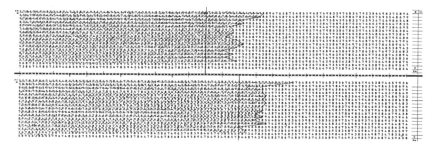

図7-7　クレペリン曲線の例

図7-8　ロールシャッハ・テストを模した図版

が難しいので，質問紙法のように意図的に回答をゆがめることを防ぐという長所をもっている。しかし，検査で性格のどのような側面が明らかになるのかという妥当性の問題は残る。

　図7-7では典型的定型の諸特徴をおおむね完備していて，ものごとの処理能力や速度などの水準が高く，性格や行動面でもバランスがとれ，状況に応じた適度な行動がとれる人と思われる。

(3) 投影法
　この方法は，あいまいで多義的な刺激を被検者に示し，自由に反応させるも

のである。アメリカでも日本でも最も使用頻度の高い検査はロールシャッハ・テストである。その他，両国に共通してよく用いられているものとして，HTP（House Tree Person）や人物画，SCT（Sentence Completion Test, 文章完成法テスト）などがある。教科書では投影法の代表的な検査としてよく紹介されるが，日本の心理臨床の場ではそれほど活用されていないのがTAT（Thematic Apperception Test, 絵画統覚検査）である。

　ロールシャッハ・テストはスイスのロールシャッハ（Rorshach, H.）が考案したものである。インクをたらして偶然にできあがった10枚の図版（図7-8）を被検者に見せ，それが何に見えるかをたずね，性格特徴を推測していく。ロールシャッハ・テストからは以下のパーソナリティの側面がわかるとされている。①知的側面：知的潜在力，知的効率，実際問題を処理する方法，興味の範囲など，②情緒的側面：適応手段として内的資質を利用する能力，内的欲求の強さと質，他人からの情緒刺激への反応，不安の種類と程度，自己統制力など，③対人関係に関する側面：自己概念，同性や異性への態度など。

　人物や家族など，何らかの課題を与えて絵を描いてもらう方法を描画テストという。このうち，「家」，「木」，「人」を順に描いていくものをHTPとよぶ。家の絵は，現在の家族をどのように認知しているかを知る手がかりになる。木の絵は，非人間的な形のため，防衛がとれやすく無意識の自我像を表わすことが多い。人の絵には，自己像や自己の理想像などが表現されるといわれている。

　ここでは，こころの問題をもつ人たちが描いた絵をいくつか紹介することにしよう（図7-9）。

 a　対人関係の悩みをかかえる女子学生の絵。黒く塗られた小さな木が左上に描かれている。友だちは欲しいが，なかなかできないという悩みがあり，現在，物事を達成しようと望みながら，実行できずに自分の世界に引きこもっている傾向がうかがわれる。

 b　幼少時両親が離婚し，その後親戚や施設に預けられ，不安定な生活を送ってきた少年の絵。強い風が吹き，自分で統制できない力に支配されている様子がうかがわれる。

第Ⅱ部　こころを支える

a

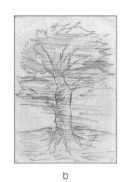
b

c

d

図7-9　HTPの例

c　両親が実の親でないことがわかり生活が崩れていった少年の絵。木は折れて先端がなくなっている。木の周りはレンガやフェンスで二重にしっかりと囲われており，外界からの圧力に傷つき，猜疑心が強まり，防衛的になっている様子がうかがわれる。

d　厳格で過大な期待をする父から自由になりたいと思い，家出を繰り返すうちに非行が深まってきた少年の描いた絵。家や木は黒く塗りつぶされて強い不安感や抑うつ気分が表わされている。丸太小屋の家や，たて向きに用紙を使うように指示されているにもかかわらず横向きに用いられた木の絵からは，自分の置かれた環境への不満や，環境に自分を合わせようとしない自己中心的な面がうかがわれる。

SCTは「子どものころ」,「お父さん」,「お母さん」といった刺激語を提示して,被検者に自由に言葉を続けてもらって文章を完成してもらい,被検者の特性や価値観などをみるものである。

このSCTの一種で,クーンとマックパートランド（Kuhn, M. H., & McPartland, T. S.）によって創案されたTST（20答法,Twenty Statement Test）といわれるものがある。これは"私は"という言葉に続く文章を20個作っていくもので,自分自身についての意識や態度を知ることができる。

ここで,TSTに挑戦し,自分自身について考えてみよう。

一般的には,20問答えることができるのは,自分自身について関心が高い人と考えられる。記述内容は,名前,年齢など外から見える事実と,性格や対人関係など自分だけにしかわからない事実とどちらが多かっただろうか。外から見える事実ばかり述べているのは,自分の内面や個人的なことを表現することが苦手な人,そのようなことを表現するのに抵抗のある人,内面的なことに関心の少ない人ということになる。その他,文章にこめられた感情が中立的なものか,肯定的か,否定的か,アンビバレントなものかについても検討してみるとよいだろう（ぶれいく・たいむ　私は誰でしょう？…TST, p.138）。

TATはマレー（Murray, H. A.）とモーガン（Morgan, C. D.）によって開発された方法である。あいまいな絵を被験者に見せ,過去,現在,未来を含んだ物語を作ってもらう。

結果の解釈の方法として,マレーの欲求-圧力分析が一般的である。これは,物語の中に,被検者がこころの平衡を回復しようとするさまざまな欲求と,これを支えたり妨害したりする外界の圧力を見いだし,その相互関係を読み取ろうとするものである。

投影法では,作業検査法と同様,どのような反応が望ましいかわからないので,被検者が意識的に回答をゆがめるのを防ぐことができる。被検者は自分自身の個性的な方法で反応するため,個人の無意識的な層にまで分析を加えることができ,性格を力動的,全体的にとらえることが可能である。一方,被検者の反応が多種多様で,これらを整理する方法も一定でないので,結果の解釈は

第Ⅱ部　こころを支える

 ぶれいく・たいむ

私は誰でしょう？…TST

"私"で始まる 20 の文章を思いつくままに，頭に浮かんできた順にできるだけ早く書いてください。

1. 私は _____
2. 私は _____
3. 私は _____
4. 私は _____
5. 私は _____
6. 私は _____
7. 私は _____
8. 私は _____
9. 私は _____
10. 私は _____
11. 私は _____
12. 私は _____
13. 私は _____
14. 私は _____
15. 私は _____
16. 私は _____
17. 私は _____
18. 私は _____
19. 私は _____
20. 私は _____

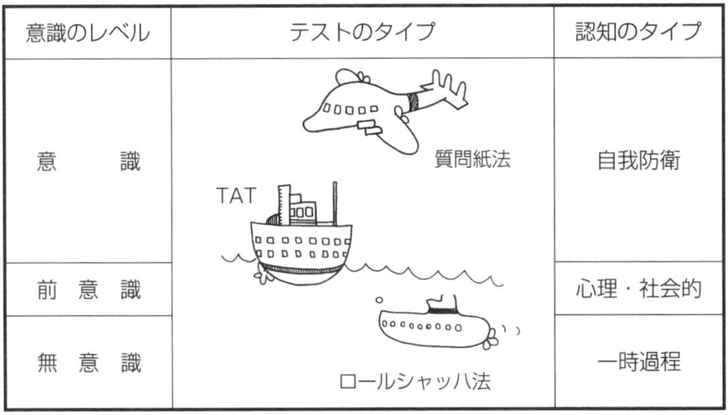

意識のレベル	テストのタイプ	認知のタイプ
意識	質問紙法	自我防衛
前意識	TAT	心理・社会的
無意識	ロールシャッハ法	一時過程

図7-10 各種心理検査の関係
(Shneidman, E. S., 1954)

検査者の主観に左右されるという問題もある。また，経験的には有効と信じられ，臨床場面ではよく用いられているにもかかわらず，心理検査としての基礎理論が明確にされていないため，信頼性，妥当性の面での問題もある。

(4) テスト・バッテリー

同じ質問紙法でも，MMPIは臨床診断的理解に，YG性格検査は性格の静的な理解に，エゴグラムは力動的理解に適している。投影法でも，ロールシャッハ・テストは力動的理解や臨床診断的理解に役立つし，HTPは力動的理解に適している。また，質問紙法はパーソナリティの意識的なレベルを，投影法はより無意識的なレベルを明らかにしようとしている。このように，それぞれの検査で測定されるパーソナリティの側面が異なるため（図7-10），ひとつの検査だけではパーソナリティを多次元的に理解することができない。したがって，臨床の場では，いくつかの検査を組み合わせて用いるのが一般的である。これをテスト・バッテリーという。テスト・バッテリーを組む際は，検査の目的や被検者の特性，検査に要する時間などを考慮する必要がある。

第Ⅱ部 こころを支える

❹ 知能検査と発達検査

1．知能とは

　学歴偏重の現代社会では，知能の高いことに価値を置く人は少なからずいる。子どもの知能検査の結果に一喜一憂したり，果ては，検査結果を少しでもよくしようと，自宅で知能検査の練習をさせる親もいるという。このように人びとの知能への関心が高いにもかかわらず，「知能とは何か」という問いに対する答えは多様で，知能の定義は研究者の数だけあるといわれている。これまでに比較的広範囲に受け入れられてきた知能の定義を大別すると次のようになる。
　① 抽象的思考，判断，推理などのような高等な知的活動を行う能力
　② 学習する能力，または経験によって獲得していく能力
　③ 新しい課題場面に対する適応能力
　④ 知能とは，知能検査で測定されたものである，とする操作的定義
　近年，知能の研究は，人間の知的行動としてとらえなおされ，認知過程の構造や機能を主な研究対象として，新しい展開を示している。しかし，臨床の現場では，知能検査によって測定された結果が重視されているので，ここでも実際に使用されている知能検査を紹介することにしよう。

2．ビネー式知能検査

　フランスのビネーは（Binet, A.）は，子どもの能力に合った適切な教育を受けさせるために，精神遅滞児を識別する必要性から，知能検査尺度を作成した。これが知能検査のはじまりである。わが国では，鈴木・ビネー，田中・ビネーといった日本版が作成されている。この検査は個別に行われるもので，検査問題は語彙，反応速度などといった簡単な課題ではなく，複合的な能力をみる課題で構成されている。内容もさまざまで，たとえば，2003年に改訂された田中ビネー知能検査Ⅴでは，5歳級の問題として，数の概念，絵の不合理，三角

形複写，絵の欠所発見，模倣によるひもとおし，左右の弁別の6種類の課題が用意されている。各年齢別に問題が作成され，年齢の低い順から高い順に並んでいるので，被検者が何歳までの問題を解くことができたかをみることによって，発達の指標となる精神年齢がわかり，これから知能指数（IQ）が算出できるようになっている。

$$知能指数 = 精神年齢 \div 実年齢 \times 100$$

たとえば，精神年齢が8歳の子どもが2人いたとしよう。片方の子どもの実年齢が10歳で，もう一方の子どもの実年齢が6歳とすると，はじめの子どもの知能指数は80で，後の子どもの知能指数は133となる。このように，精神年齢が同じであっても，子どもの実際の年齢によって知能指数が異なってくる。

ビネー式の検査では，測定できるのは全体としての知能の水準で，知的機能の多様性をとらえることはできないという限界がある。

3．ウェクスラー式知能検査

アメリカのウェクスラー（Wechsler, D.）は，個人の知能を診断的にとらえることを目的として，WAIS（Wechsler Adult Intelligence Scale，ウェクスラー成人知能検査）を作成した。この検査の特徴は，言語的な抽象的思考力をとらえる検査と，動作的な具体的思考力をとらえる検査を別々に作成し，言語性IQ（VIQ）と動作性IQ（PIQ），さらにこの2つを総合した全検査IQ（FIQ）を得ることができることにある。言語性検査は，一般的知識，一般的理解，算数問題，類似問題，数唱問題と単語問題の下位検査から成り立っている。動作性検査は，符号問題，絵画完成，積み木問題，絵画配列，組み合わせ問題の下位検査で構成されている。

WAISでは，また，各下位検査のプロフィールパターンをみることによって，知能の構造も診断できるようになっている。知能は，ビネー式と異なり，同年齢集団での各人の相対的位置を示す偏差知能指数で表される。

偏差知能指数＝｛15×(個人の得点－同年齢の平均点)÷標準偏差｝＋100

　WAIS は新しく改訂版 WAIS-R が標準化されている。ウェクスラーは成人用知能検査のほかに，4〜6歳用のWPPSI，5〜16歳用のWISC も作成している。WISC については，子どもにとってより興味を引くよう，また，検査者の使いやすさなどを考慮して1991 年に改訂版の WISC-Ⅲ が作成された。その後，2011 年には発達障害のアセスメントと指導に有用な WISC-Ⅳ が発表された。この検査では，全体的な認知能力を表す全検査 IQ(FSIQ) と言語理解（VCI），知覚推理（PRI），ワーキングメモリー（WMI），処理（PSI）速度の4種類の指標得点に加えて（図7-11），指標間や下位検査間での不均衡の検討や個人内での能力の強弱を検討することもできるようになっている。表7-5 は下位検査の概略である。

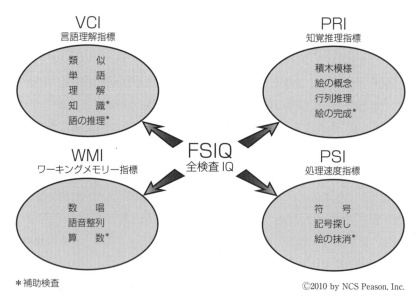

＊補助検査

©2010 by NCS Peason, Inc.

図 7-11　WISC-Ⅳの枠組み
（日本版 WISC-Ⅳ知能検査実施・採点マニュアル　日本文化科学社, p. 4）
日本文化科学社より許可を得て転載

7 こころを診る

表7-5 WISC-Ⅳ 下位検査の概略

	下位検査	説　明
言語理解	類似(Similarities)	子どもに，共通のもの，あるいは共通の概念をもつ2つの言葉を口頭で提示し，それらのものや概念がどのように類似しているかを答えさせる。
	単語(Vocabulary)	子どもに，絵の課題では問題冊子の絵を提示してその名称を答えさせる。語の課題では単語を読み上げてその意味を答えさせる。
	理解(Comprehension)	子どもに日常的な問題の解決や社会的ルールなどについての理解に関する一連の質問をして，それに口頭で答えさせる。
	知識*(Information)	子どもに，一般的な知識に関する質問をして，それに答えさせる。
	語の推理* (Word Reasoning)	子どもにいくつかのヒントを与えて，それらに共通する概念を答えさせる。
知覚推理	積木模様(Block Design)	子どもにモデルとなる模様（積木または図版）を提示し，決められた数の積木を用いて制限時間内に同じ模様を作らせる。
	絵の概念 (Picture Concepts)	子どもに2〜3段からなる複数の絵を提示し，それぞれの段から共通の特徴のある絵を1つずつ選ばせる。
	行列推理 (Matrix Reasoning)	子どもに一部分が空欄になっている図版を見せて，その下の5つの選択肢から空欄にあてはまるものを選ばせる。子どもは，番号を言うか，または指さしにより回答する。
	絵の完成* (Picture Completion)	子どもに絵を見せ，その絵の中で欠けている重要な部分を指さしか言葉で答えさせる。制限時間は各問題20秒
ワーキングメモリー	数唱(Digit Span)	子どもに，決められた数字（数系列）を読んで聞かせ，それと同じ順番で（順唱），あるいは，逆の順番で（逆唱）その数字を言わせる。
	語音整列 (Letter-Number Sequencing)	子どもに一連の数とカナを読んで聞かせ，数は昇順に，カナは五十音順に並べかえて言わせる。
	算数*(Arithmetic)	子どもに算数の問題を口頭で提示し，暗算で答えさせる。制限時間は各問題30秒
処理速度	符号(Coding)	子どもに幾何図形，または数字と対となっている簡単な記号を書き写させる。 子どもは，見本を手がかりに，問題の幾何図形の中（符号A），または，数字の下（符号B）に，それぞれに対応する記号を書く。制限時間は120秒
	記号探し (Symbol Search)	子どもに，左側の刺激記号が右側の記号グループの中にあるかどうかを判断させ，「ある」または「ない」に○をつけさせる。制限時間は120秒
	絵の抹消* (Cancellation)	子どもに，不規則に配置した，あるいは規則的に配置したさまざまな絵の中から動物の絵を探して線を引かせる。制限時間は各問題45秒

＊補助検査
（日本版 WISC-Ⅳ知能検査実施・採点マニュアル　日本文化科学社より筆者改変）

第II部　こころを支える

図7-12　B式知能検査の例

4. 集団式知能検査

　多人数の知能を測定するために集団で実施可能な検査が開発された。今日，集団式知能検査には非常に多くの種類があるが，それらを大別すると，言語を用いたA式と，非言語的な材料を用いたB式に分かれる。図7-12はB式知能検査の例である。この検査は，迷路，立方体分析，幾何学的図形構成，置き換え，異動弁別，数列完成，図形抹消の7つの下位検査で構成されていて，言語的な課題は用いられていない。

5. 高齢期の知能検査

　高齢化社会の到来により，高齢期の人びとの心理的諸問題が注目されるようになってきた。その中でも，とくに，認知症への対応は臨床場面でも重要な問題となっている。認知症の診断のための検査としては，WAIS-Rを用いることもできる。しかし，この検査は対象が70歳までということや，施行に1時間以上という長い時間が必要なことから，簡便法として，改訂長谷川式簡易知能評価スケール（HDS-R）（長谷川式認知症スケール）が利用されることが多い（表7-6）。この検査は記憶に関連した9つの質問で構成され，おおむね会話の中で進められるので，対象者を過度に緊張させたり，拒否的にさせることが少なく，高齢者に受け入れられやすい。検査の結果は，正答の数がそのまま得点となり，満点は30点となっている。20点以下はほぼ認知症と判定されるが，21点以上26点くらいまでは認知症を否定できないグレイゾーンとされている。

表7-6 長谷川式認知症スケール

1	お歳はいくつですか？（2年までの誤差は正解）		0 1
2	今日は何年の何月何日ですか？　何曜日ですか？ （年月日，曜日が正解でそれぞれ1点ずつ）	年 月 日 曜日	0 1 0 1 0 1 0 1
3	私たちがいまいるところはどこですか？ （自発的にでれば，2点，5秒おいて家ですか？　病院ですか？　施設ですか？　のなかから正しい選択をすれば1点）		0 1 2
4	これから言う3つの言葉を言ってみてください。あとでまた聞きますのでよく覚えておいてください。（以下の系列のいずれか1つで，採用した系列に〇印をつけておく） 1: a) 桜　b) 猫　c) 電車 2: a) 梅　b) 犬　c) 自動車		0 1 0 1 0 1
5	100から7を順番に引いてください。（100－7は？，それからまた7を引くと？　と質問する。最初の答えが不正解の場合，打ちきる）	93 86	0 1 0 1
6	私がこれから言う数字を逆から言ってください。（6-8-2，3-5-2-9を逆に言ってもらう，3桁逆唱に失敗したら，打ちきる）	2-8-6 9-2-5-3	0 1 0 1
7	先ほど覚えてもらった言葉をもう一度言ってみてください。（自発的に回答があれば各2点，もし回答がない場合以下のヒントを与え正解であれば1点） a) 植物　b) 動物　c) 乗り物		a: 0 1 2 b: 0 1 2 c: 0 1 2
8	これから5つの品物を見せます。それを隠しますのでなにがあったか言ってください。 　（時計，鍵，タバコ，ペン，硬貨など必ず相互に無関係なもの）		0 1 2 3 4 5
9	知っている野菜の名前をできるだけ多く言ってください。 　（答えた野菜の名前を右欄に記入する。途中で詰まり，約10秒間待っても出ない場合にはそこで打ち切る） 0～5=0点，6=1点，7=2点，8=3点，9=4点，10=5点		0 1 2 3 4 5
		合計得点	

(加藤他，1991；上里，2001, p.339)

第Ⅱ部 こころを支える

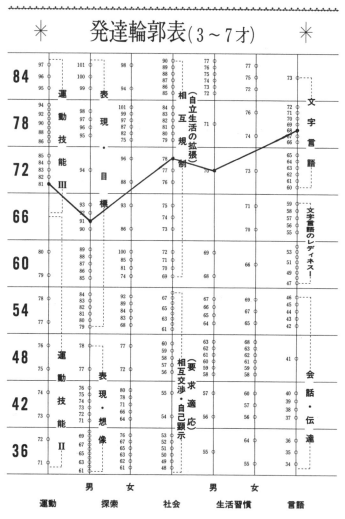

図7-13 乳幼児精神発達診断法の記入例
(津守・磯部, 1965)

検査の結果はあくまでも目安である。

　実際の症状としては，軽度の場合は，仕事や社会的活動は明らかに阻害されているが，独立して生活する能力は残っている。十分に身の回りの始末をし，判断も比較的そこなわれていない。中等度の場合は，独立して生活することは危険で，かなりの程度監督が必要となる。高度の場合は，日常生活の活動性は非常に障害されており，絶えず，監督が必要となる。

6. 発達検査

　乳幼児の問題行動に対応する場合，知能だけでなく知覚，運動機能などを含む発達全体をみることが重要である。しかし，発達は個人差も大きいので，発達の診断には発達検査の結果だけではなく，発育歴，養育態度などの諸要因を考慮しなければならない。代表的な発達検査としては，遠城寺式，津守式などがある。

　遠城寺式は，障害児の早期発見と適切な診断を目的として作成されたもので，新生児から4歳8ヵ月までの乳幼児を対象としている。検査項目は，移動運動，手の運動，基本的習慣，対人関係，発語，言語理解の6領域からなっている。それぞれの年齢相応の課題があり，その子どもができるかどうかを，保護者などから情報を得たり，実際に子どもに課題をやってもらったりして判断する。津守式は，図7-13のように運動，探索・操作，社会，食事・排せつ・生活習慣，理解・言語の5つの領域についての発達状況をみるもので，日常生活場面での観察に基づいて判断できるようになっている。質問項目は0～12ヵ月，1～3歳，3歳～7歳で異なっている。

《さらに学習をすすめたい人のために》
詫摩武俊（編）1998　性格　日本評論社
詫摩武俊・瀧本孝雄・鈴木乙史・松井豊　2003　性格心理学への招待〔改訂版〕　サイエンス社

8 病めるこころ

　現代社会は，とりあえず平和で，経済的にも安定した生活が可能な世の中であり，便利で快適な暮らしができる。ところが，文明の進歩がもたらした社会の高度化，多様化はむしろ複雑な社会生活を生み出し，私たちのこころに大きな負担をかけるようになった。このような背景からさまざまなこころの問題が出現し，こころを病むということが現代人にとって耳新しいものではなく，現代病を代表するものとなっている。また従来になかった新しいこころの病も出現してきている。ここでは，心身症，不安障害，精神病といったこころの病の状態やその原因などについて簡単に学んでみよう。

❶ 心身症

1．心身症とは

　1970年に，わが国の日本心身医学会は心身症を「身体症状を主とするが，その診断や治療に，心理的因子についての配慮が特に重要な意味を持つ病態」と定義した。すなわち，身体症状を訴えて，身体的な病名のつく病気のようにみえるもののうち，よく患者から話を聴いてみると，心理・社会的な因子が原因として重要な要素になっていたり，そのために治りにくくなっている病態を心身症とよんでいたのである。しかしこの定義では，身体症状を主とする不安障害やうつ病（いわゆる仮面うつ病）なども含まれる可能性があり，日本心身医学会は1991年に心身症を「身体疾患の中で，その発症や経過に心理的因子

8 病めるこころ

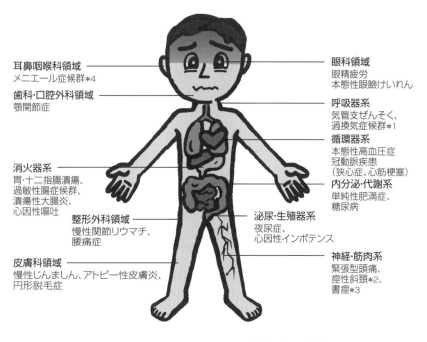

*1 発作性の呼吸困難を起こす
*2 頭の動きや位置に異常を起こす
*3 手が震えて文字が書きづらくなる
*4 めまい、耳なり、難聴など内耳に障害を起こす

図8-1 ストレス関連疾患（心身症）
（小杉ら，2006，p.39に筆者加筆・改変）

が密接に関与し，器質的ないし機能的障害が認められる病態をいう。ただし不安障害やうつ病など，他の精神障害に伴う身体症状は除外する。」と規定することになった。このように心身症とは，身体疾患であって身体症状が主たるもので，その発症や経過に心理社会的因子の密接な関与が認められるものである。したがって，たとえばよく心身症の例として取り上げられる胃潰瘍の症例のすべてが心身症ではなく，胃潰瘍の患者の中で心理社会的因子（いわゆるストレス）が明確に認められるものが心身症といえるのである。また，心身症は，器質的な身体病変を呈する場合（消化性潰瘍など）と，病態生理学的な機能障害（偏

149

頭痛，過敏性腸症候群）とに大別され，主にどの領域に病状が出現するかによって分類される。その主要なものを図8-1に示す。これらは，心療内科で扱う重要な病気の一覧で，心身症の可能性のある病気である。

2. 発症のメカニズム

いかに「こころ」の問題が「身体」の問題として置換されていくかという心身症の発症のメカニズムについては，さまざまな角度から多くの理論がある。それは1930年代に，精神分析の治療法を気管支喘息や胃潰瘍等に当てはめたことに始まった。その後，心身症は誤った学習により症状が形成され強化されたものであるという学習理論やいわゆる心身相関理論の代表的なものであるセリエ（Selye, H.）のストレス学説などが提唱された。また，医学における自律

病気を作り出す人びと…ミュンヒハウゼン症候群

健康でいたい，早く病気が治って欲しいというのは万人の願いであるはずである。ところが，孤独感や寂しさをいやすために，病気にかかったふりをして，医療関係者にやさしい声をかけてもらったり，親身な世話をしてもらおうとする人がいる。この症状は，ドイツで「ほら吹き男爵」と呼ばれていた風変わりな男爵の名前にちなんでミュンヒハウゼン症候群とよばれている。検尿時に尿の中に砂糖を入れて糖尿病になったり，肛門から金具を入れて腸内を傷つけ出血させたりと，自分の身を危険にさらしてでも病気になろうとする人もいる。一方，自分の子どもを病人にすることで，周囲の注目を集めようとする，代理ミュンヒハウゼン症候群の人たちもいる。これは，自分が価値ある存在であることが実感できない女性にみられる症状で，わざと子どもに怪我をさせ，その後，熱心に看病することで子どもから必要とされる存在であることを確認しようとするのである。子どもが回復してくると，自分が不要になるのではないかという不安から，また子どもを虐待し，熱心に看病するということを繰り返す。

（吉武光世）

表8-1　ストレス（ストレッサー）の種類

ストレスにはさまざまな種類があり，物理的なものから生物学的意味を含んだものまで多様である。
　①物理的ストレス：温熱，寒冷，高圧，低圧
　②環境的ストレス：公害，騒音，照明，空気汚染，振動
　③社会的ストレス：仕事が多忙，残業，夜勤，重い責任，借金
　④肉体的ストレス：病気，怪我，睡眠不足，不規則な生活
　⑤精神的ストレス：家族，身内の病気・死・不幸，失恋，失敗，挫折，仕事や責任に対する精神的負担，健康・将来に対する不安
　⑥人間関係のストレス：職場での上司・同僚・部下とのまずい人間関係，家族・親戚とのトラブル，友人とのトラブル

（村上，1991；品川，1992, p.57)

　神経系，内分泌系，免疫系での新しい研究成果から，心理社会的な問題が内臓諸臓器にどのような過程をたどって影響を及ぼすのかといった介在要因が明らかになりつつある。ここでは，セリエのストレス学説を取り上げてみる。

　セリエは1936年に発表した論文で，卵巣ホルモンに関する研究を行っているうちに，異物の注射・寒冷刺激・頭痛などさまざまな異なる刺激（ストレッサー）を与えても，生体に起こってくる反応はいつも共通であることを報告した。その生体内に起こってくる反応は，大きく分けて，①副腎の肥大，②胸腺リンパ腺の退縮，③胃・十二指腸潰瘍の3つである。このことから，心理社会的なストレス，あるいは外部環境などの外部ストレスといったさまざまなストレスが生体に加わると一定の生体反応が起こると考えた。そして，ストレスが加わって反応が起こるためには，3つの段階があることを提唱した。まず，第1段階の警告期には，前述の3つの生体反応で，どんなストレスに対しても画一的に生体防御のためにこれらの反応が作動する。次に生体にとって好ましくないストレスが持続し続けると，生体の抵抗力がバランスを取って当面安定した反応を示すという第2段階の抵抗期となる。さらにストレスが続くと生体は病弊期に入り，獲得された抵抗力も失われてしまい，ついには死に至るというものである。このような生体の誤った反応の結果引き起こされる病態のうち，心理社会的ストレスが発症の背景にあるものを心身症という。ところで人間が

生きていくうえで，ある程度のストレスがあるのは，当然のことである。たとえば、スポーツの試合で勝利する，資格取得などを目指すことは，ある意味でストレスになる。しかし，試合や資格という目標があるからこそ人は真剣に取り組み，もっとうまくなろうと努力したり考えたりする。それによって、技量も高まり，ステップアップしていくことができるのである。そのためのストレスを良いストレス（eu-stress，ユーストレス）と呼ぶ。反対に自分のこころが苦しくなったり，嫌な気分になったり，やる気をなくしたりして，心身症を引き起こすようなストレスを悪いストレス（dis-stress，ディスストレス）という。要するに，セリエが「ストレスは人生のスパイスである」といったように，人生には，適度なストレスは必要なのである。問題は，悪いストレスをためないこと。ストレスをうまく解消できる工夫を身につけることが重要ということだろう。

3．心身症と性格

　昔から，ある疾患がある一定の身体的・精神的素質をもった人に起きやすいということはよくいわれてきたことである。たとえば，心筋梗塞や狭心症といった心臓病の患者さんに，大変エネルギッシュな行動パターンの人が多いといわれている。そのような行動パターンを「タイプA」とよび，大きな特徴は，負けず嫌いでせっかちで，競争心や成功への強い欲求をもち，時間に追われるように仕事をバリバリとこなしていくような人である。タイプAと対照的なのんびりとして穏やかな行動パターンをとる人を「タイプB」とし，両者を比較する研究によると，心臓病を発症するリスクは，タイプBに比べて，タイプAでは2倍とも3倍とも報告されている。タイプAの人は，自分からストレスの多い厳しい状況に自分を追い込んで乗り越えていくことを好み，そのため血圧や心拍数が上昇し，心臓に大きな負担をかけるのではないかと考えられている。

　また，シフネオス（Sifneos, P. E.）は，心身症の患者に精神分析の治療を行っても，治療が困難であることが多いことから，アレキシサイミヤ（alexithy-

表8-2 タイプAチェックリスト

---
1 自分が思い描く成功を実現したいと強く願っている
2 自分で決めた課題や与えられたノルマは，多少ムチャなものでも必ず達成しようとする
3 目標を達成できなかった時や自分が負けたと思う時は非常に悔しい
4 人一倍働いているという自負がある。忙しくしているほうが性に合っている
5 何もしないでのんびりすることは苦手だ。罪悪感を覚えることもある
6 食事のスピードが非常に早い
7 早口である。他人の話し方が遅いとイライラしてしまう
8 他人に指図されるのは好きではない
9 仕事は結果で評価されると思う
10 どちらかというと，質より量を重視する

(尾久，2000，p.137)

mia, 失感情 [言語] 症）という概念を提示した。Alexithymia とは，a = lack, lexis = word, thymos = mood or emotion というギリシャ語に由来する言葉で，自分の内的な感情への気づきとその言語的表現が制約された状態をいう。シフネオスは，失感情的疾患があると，内外の変化に対して感情機能が適切に働かなくなり，それにかわって，内的欲求や感情体験との関連が乏しい機械的思考や外的な刺激のみに反応して活動性が亢進され，心身症の症状が形成されるとした。

その他に，生体が環境へ適応するときに，ホメオスタシス（恒常性）の維持に必要な身体感覚（空腹感，疲労感など）への気づきが鈍い「失体感症」や，人によく気を使う，自己犠牲的，よい子などと表現される過剰適応の傾向も多く認められるといわれている。

4．子どもの心身症

今まで述べてきた心身症についての説明は，大人の心身症について考えられてきたことである。子どもの心身症は大人の場合と少し異なった特徴を示す。子どもの場合，発達途上であるために心身両面において未熟であり，刺激に対

第Ⅱ部　こころを支える

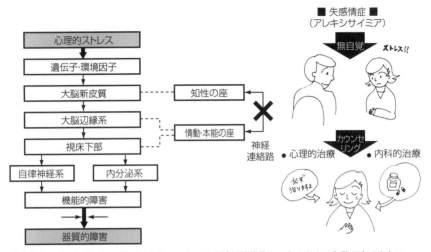

失感情症では，知性の座，情動・本能の座をつなぐ神経連絡路に，なんらかの欠陥があるらしい。

図 8-2　失感情症の立場からみた心身症の成立のしくみ
（筒井，1988，p.91）

する反応が容易に起きやすい。そのため大人と違い，心理社会的なストレスがあると心身両面の全体的な反応として発現されることが多い。また，年齢が低いほど感情を言葉で表現することが困難であることや，問題を解決するための思考力や判断力なども未発達なので，いったん問題が生じると解決は困難がともないやすい。子どもの心身症の発症の要因には，学校生活上の問題，家庭内の問題，養育態度等の環境ストレスが大きい場合が多い。したがって，そのような環境ストレスをある程度軽減させていくことが重要となる。

5. さまざまな子どもの心身症

(1) 脱毛

大人だけでなく子どもでも，それも幼児期からもみられる心身症のひとつである。頭髪に限らず，毛はすべて一定の成長期間の後，成長を停止して休止期に入り，脱毛し再び生えるということを繰り返している。それがさまざまな原

8 病めるこころ

  ぶれいく・たいむ

被害者は事件の後も苦しむ…PTSD（外傷後ストレス障害）

　東日本大震災や熊本地震などの災害被災者のこころの問題が大きくとりあげられたこともあり，PTSD に対する社会の関心が急速に高まってきている。PTSD とは，戦争，DV，虐待，犯罪の被害，いじめの被害，災害など，自分自身あるいは近親者の生命や身体保全に対する重大な脅威となる心的外傷（トラウマ）的な出来事に巻き込まれたことにより生じる障害で，それが1ヵ月以上持続して慢性化した状態を指す。

　症状としては，外傷的な出来事が目の前で再び起こっているかのように行動したり，感じたりすること（解離性フラッシュバック）や，殺される夢などを繰り返しみたりする，外傷的なできごとの再体験がみられる。また，恐怖や苦痛をもたらす再体験を回避しようとして，事件の場所には近寄らない，亡くなった子どもと同年齢の人たちには近寄らない，考えるのをやめてしまうなどの行動が生じたりもする。その他の症状として，熟睡できない，緊張状態からくるイライラ感や怒りっぽさ，集中困難，警戒心の高まり，過度の驚愕反応などの覚醒亢進症状があげられる。

　PTSD の治療には，トラウマとなった経験と同じような刺激にさらすことで，トラウマの記憶を対処可能なものにしていく認知行動療法や急速な眼球運動によってトラウマとなった体験を解放させるという EMDR がよい評価を得ている。どのような治療方法をもってしても，外傷性記憶やその影響が消えることはないが，それが日常生活を左右しなくなり，外傷体験にも，自分なりの自己肯定的な意味づけができるようになることが回復と考えられる。

　性的虐待による PTSD に関して，近年アメリカでは，もともと存在しないトラウマ体験が治療者によって作り出されたという反論があることは注目に値する。

（吉武光世）

因で成長期の毛が急に休止期に入って抜けてしまうのである。精神的ストレスが原因の場合は，ストレスが自律神経に作用し，頭部の皮膚の血管を収縮させ，毛根部に栄養がいかなくなり，脱毛が起こると考えられている。部分的に円形，楕円形に抜けるものや，それがつながったり，生え際から抜け落ちていくものもある。長期化する場合は，見た目への配慮をし，養育者があまり関心を示さないようにすべきである。

(2) 反復性腹痛

就学前から10歳前後に最も良くみられる訴えのひとつである。ほとんど朝食前か最中に，へそのまわりやみぞおちの部分がきりきりと痛み，ときに嘔吐，吐き気をともない顔面蒼白となる。身体面での検査では異常は認められず，疼痛部分はしばしば変化し，反復性を示す。これは，恐れ，不安，緊張等といった情緒的な混乱からくる情動的ストレスが自律神経系に影響し，胃や腸の血管を収縮させるために出現する痛みと考えられている。

(3) 気管支喘息

気管・気管支の反応性が亢進して軌道の広範な狭窄をともなう状態で，心疾患によらないものをいう。具体的症状としては，発作性の呼吸困難と喘鳴（ぜんめい），せき，痰（たん）などである。学童期には自然に治る例も多いが，一部は成人型に移行する。とくに季節の変わり目に多く，夜中から明け方にかけて発症しやすい。ダニ，花粉といったアレルゲンの証明される外因型とアレルゲンの見つからない内因型，混合型などがある。気管支喘息は精神科領域での心身症の代表的な病態のひとつである。一度気道の過敏性が身についてしまうと，気象，運動，疲労，社会心理的ストレスなどのさまざまな誘因が影響しあって発症するといわれている。

(4) 起立性調節障害

起立あるいは立位保持時に循環系の調節が不十分なために，立ちくらみやめまいを起こしやすい，入浴時あるいはいやなことを見聞きすると気持ちが悪くなる，少し動くと動悸，あるいは息切れがする，朝なかなか起きられず，午前中調子が悪い等の症状を示す状態をいう。小学校高学年から中学生の頃に多く，6〜8月頃よく出現し母親にも同じような症状をもつ人が多いといわれる。こうしたことから体質的素因や身体発育の加速など，身体的要因の上に疲労や心理社会的ストレスが加わって発症するものと考えられている。

❷ 抑うつ障害

1．うつ病（大うつ病性障害）とは

　今から2500年前の古代ギリシャ時代に，うつ病や躁病をあらわすメランコリーとマニーという言葉が使われ始めた。19世紀の中頃から，うつ状態と躁状態が周期性をもって同一の人に起こることが知られるようになり，それらを周期性精神病，循環性精神病などとよぶようになった。これをうけて，クレペリンが1913年に，それまでいわれていた周期性，循環性精神病だけでなく単発型の躁病，うつ病も含めて「躁うつ病」というひとつの病気として統一した。しかし，最近，躁病，うつ病の精神医学的研究が進むにつれて，もう一度これらを分割し，臨床的な症状，治療に対する反応等により，細かい分類に再び分けていこうという傾向にある（表8-3）。近年の新しい精神医学の診断と分類では，もはや躁うつ病という病名は用いられなくなっている。DSM-5では，ほとんど毎日のように抑うつ気分が持続するうつ病と，躁状態とうつ状態の両方の状態がさまざまな割合で交代に現われる双極性とは章を別にして区別している。

2．症状

　一般的にうつ病の本質は悲しみ（悲哀感）と億劫さ（抑制）であるといわれる。感情面の基本的症状が悲哀感ないし抑うつ気分であり，思考，行動面に現れるのが抑制というわけである。しかし，日常の臨床場面で億劫さを認めない患者は珍しいが，悲しさを否定する患者は存在する。これは時として悲しいのに悲しめない，感情をともなわない寂しさである悲哀不能の場合もある。軽い抑制は基本的な日常生活は可能であるが，主観的には「億劫な感じ」や「けだるい感じ」として自覚され，抑制が高度になると全身倦怠感をともない病臥する。その結果，抑制と自己評価の低下からくる劣等感が増大し，普段社交的な

表8-3 DSM-5の主なこころの病気

	DSM-5 分類	主な障害
気分の障害	抑うつ障害群	大うつ病性障害，持続性抑うつ障害，月経前不快気分障害等
	双極性障害群	双極性ⅠおよびⅡ型障害，気分循環性障害等
不安障害	不安症群	パニック障害，社交不安障害，全般性不安障害，広場恐怖，限局性恐怖症，分離不安障害，緘黙等
	強迫症および関連症群	強迫性障害，身体醜形障害，ためこみ症，抜毛症等
	心的外傷およびストレス因関連障害群	心的外傷後ストレス障害，急性ストレス障害，適応障害等
統合失調症	統合失調症スペクトラム障害および他の精神病性障害群	統合失調症，妄想性障害，短期精神病障害など
その他	神経発達症群	知的障害，コミュニケーション障害，自閉症スペクトラム，注意欠如・多動性障害，学習障害等
	解離性障害群	解離性同一性障害，解離性健忘，離人感・現実感消失症等
	身体症状症および関連症群	身体症状症，転換性障害，作為症等
	摂食障害群	異色症，神経性やせ症，神経性過食症等
	排泄症群	遺尿症，遺糞症等
	睡眠・覚醒障害群	不眠障害，過眠障害，ナルコレプシー，呼吸関連睡眠障害等
	性と性別に関する問題	性別違和，性機能不全群，パラフィリア障害群（小児性愛，露出，窃視等）
	衝動制御症および関連群	反抗挑発症，間欠爆発症，素行症等
	物質関連障害および嗜癖性障害群	アルコール中毒，カフェイン中毒，大麻中毒，幻覚薬関連障害，薬物中毒等
	神経認知障害群	せん妄，認知症，軽度認知障害，アルツハイマー病，レビー小体病等
	パーソナリティ障害群	A群（猜疑性，シゾイド，統合失調症型）B群（反社会性，境界性，演技性，自己愛性）C群（回避性，依存性，強迫性）その他
	その他	臨床的関与の対象となることのある他の状態（対人関係の問題，虐待等）

（DSM-5精神疾患の診断・統計アニュアル（高橋ら 2014）をもとに筆者作成）

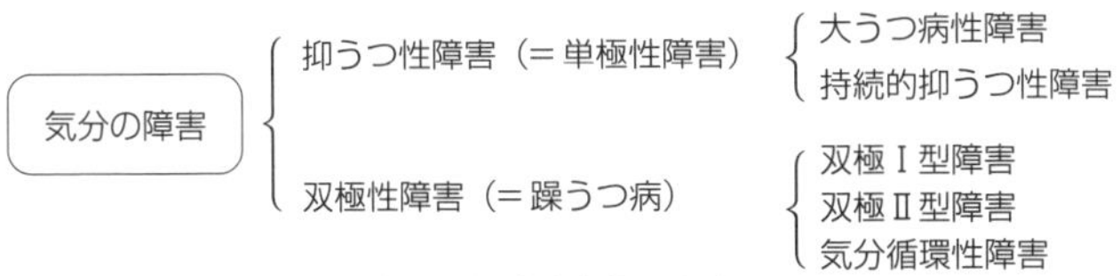

```
気分の障害 ┬ 抑うつ性障害（＝単極性障害） ┬ 大うつ病性障害
          │                              └ 持続的抑うつ性障害
          └ 双極性障害（＝躁うつ病）    ┬ 双極Ⅰ型障害
                                        ├ 双極Ⅱ型障害
                                        └ 気分循環性障害
```

備考）単にうつ病というと大うつ病性障害を指します。
　　　持続的抑うつ性障害は，比較的軽いうつ状態が長年の間，続きます。
　　　持続性抑うつ性障害と気分循環性障害は慢性の障害で，短期間のものはありません。

図 8-3　気分の障害
(越野・志野，2014，p.28)

人も対人恐怖的となるうつ病性嫌人症となることもある。

　抑制が最も高度になったものがうつ病性昏迷で，意志の発動は停止し，無反応で食事の摂取にも介助を必要とするが，稀である。自殺念慮が存在し，しばしば自殺企図がみられるが，その場合，まだ抑制の強くない発病期や回復期に危険が大きい。うつ病の生物学的基盤を反映して，睡眠障害，食欲減退，体重減少，性欲減退，症状の日内変動（通常，朝具合が悪く，夕方から夜にかけて症状の軽減をみる）がみられ，うつ病の生物学的徴候として重視されている。

3．うつ病の治療とその対応

　うつ病治療の基本は休養と薬物療法，精神療法である。軽いうつ病は休養だけで軽快することがあり，休養の大切さはどんなに強調してもしすぎることはないほどである。患者も周囲も怠けと誤解している場合が少なくないため，病気であることを明確にしたうえで，患者を心理的負担に感じている重荷から解放する。そのため入院が必要かつ，有効であることが少なくない。回復期にあっては，治療者は患者とともにあって病気の段階を正しく知らせ病状に一喜一憂したりしないようにさせる。無理せず焦らずに，軽い仕事を進め規則正しい生活をさせるようにする。また，完全に社会的機能が回復するまで治療が中断しないようにすることも重要である。

第II部　こころを支える

 ぶれいく・たいむ

うつ病は脳内変調によって起こる

　私たちのこころはどこにあるのでしょうか？　こころは何となく胸の中にあるように感じますが，実はこころは脳内に存在することが証明されています。したがって「こころの病気」ともいえるうつ病は，脳内の変調によって生じるのです。意欲がない，理由なく悲しい，死んでしまいたいといったうつ病特有の症状は，セロトニンやノルアドレナリンといった脳内神経伝達物質の不足やそれらに反応する神経の働きが悪くなっていることが原因といわれています。

　1980年から1990年代にかけて，欧米で画期的な抗うつ薬「SSRI（選択的セロトニン再取り込み阻害薬）」が開発されました。脳内で精神的な安定や睡眠に作用するのがセロトニン神経で，その神経に情報を伝える化学物質がセロトニンです。セロトニンは一度使われると元の細胞に取り込まれてシナプスに蓄えられてしまいます。SSRIは，それを阻んで脳内のセロトニンの総量を増やすことによってうつ状態を防ぐのです。ノルアドレナリンは，目の前に出現したストレスに対して，立ち向かうか，それとも逃げ出すかの決断を迫るホルモンです。このノルアドレナリンが不足したり，それによって作動する神経の働きが低下するとストレスに対して反応できない無気力な状態に陥ります。今ではそれを阻止する薬も開発されています。要するにうつ病は脳内変調で起きるのですが，その脳内神経伝達物質の働きを低下させる最大の要因がストレスであることは間違いないようです。

（窪内節子）

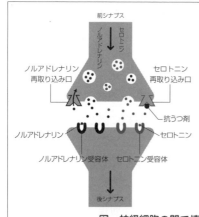

神経伝達物質であるセロトニンとノルアドレナリンは，前シナプスから後シナプス受容体に向かって放出されるが，同時に，前シナプスに再び取り込まれる性質がある。やる気が出ない，もの悲しい，死んでしまいたい気持ちになるといった，うつ病に特有の症状は，セロトニンやノルアドレナリンの不足，あるいはセロトニンやノルアドレナリンに反応する神経の働きが悪くなっていることが原因だと考えられている。抗うつ剤は，シナプスとシナプスのすき間により多くのセロトニンが存在して受容体に達しやすくなるよう，前シナプスの再取り込み口をふさぐ作用がある。

図　神経細胞の間で情報が伝達される仕組み

（渡部ら，2014, p. 40）

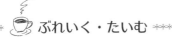
ぶれいく・たいむ

新型うつ病？…従来の「うつ病」とどこが違う？

　近年，「出勤はできないが，趣味の活動には取り組める」，「気分は落ち込むが，食欲は旺盛である」などのように，とくに若年層に増加している非定型うつ病のひとつを「新型うつ病」とよぶ。「現代型うつ病」と称されることも多い。

　従来のうつ病に関しては，強いストレスなどがトリガーとなることで，気分やエネルギーの低下，睡眠に関する問題などの症状が見られることは広く知られている。この「新型うつ病」に関しても，同様の臨床像が確認されている。しかし，なぜあえて「新型うつ病」としてとらえるのか。従来の「うつ病」とは何が違うのか。下記，両者の相違点で代表的なものを紹介する。

	従来のうつ病	新型うつ病
性別・年代	中年期以降の男性に多い	若年層の女性に多い
パーソナリティ	生真面目・責任感の強さ 自罰傾向	他者の評価を過度に意識する 他罰傾向・優等生タイプ
症状	さまざまな対象への興味ややる気が失われる 朝から午前中の不調	自身にとって興味のあること，楽しいことには取り組める 夕方から夜にかけての不調
睡眠	入眠困難・早朝覚醒・中途覚醒	過眠傾向
食欲	不振で体重減少をともなうことが多い	過食傾向で嘔吐をともなう場合もあり

　これらの「新型うつ病」の臨床像を「うつ病」とするかどうかは，専門家の間でも見解が多様なものとなっている。「新型うつ病」を，双極性障害ととらえる観点もあれば，自閉症スペクトラムとの併存を指摘する観点も論じられている。また，若年者の傾向としての可能性を指摘する研究者も少なくない。しかし，いずれにせよ，うつ病の症状である，集中力やモチベーションの低下，疲労感や倦怠感などが生じていることから，適切な支援は不可欠なものである。

　近年，うつ病については，認知行動療法の有効性が多く指摘されている。ここでは，自分自身の考え方の偏りやクセに気づくとともに，それを現実に即した，自分も周囲も苦しまないようなものに変容できるようサポートする。なかなか自分自身の考え方を把握することは容易ではないが，特に「新型うつ病」に関しては，その傾向が顕著に見られることが少なくない。考え方とともに，適切なコミュニケーションスキルの獲得や，自己理解の深化，ストレスマネジメント，対話を取り入れた周囲との相互理解なども取り入れる必要があるだろう。

（岩瀧大樹）

❸ 双極性障害群

1. 双極性Ⅰ型およびⅡ型障害

　一般に「躁うつ病」といわれてきた気分障害のひとつを双極性障害という。双極性障害は，「双極性Ⅰ型」「双極性Ⅱ型」「気分循環性障害」の3つに分類される。基本的にエネルギーに満ちた躁状態とエネルギーの枯渇するうつ状態を繰り返す病気をいう。双極性Ⅰ型は，躁状態とうつ状態の振幅が大きく，発症後ほとんどの人がその後の人生で何度も躁うつのエピソードを体験する。双極性Ⅱ型は躁状態が比較的軽いため，一般のうつ病が改善されている状態と見誤りやすく診断が難しい。

　双極性Ⅱ型障害と診断するには，①単極性うつ病の診断を満たすエピソードがあること，②少なくとも1回の軽躁のエピソードがあること，③完全な躁病エピソードがないこと（あれば双極性Ⅰ型の診断となる）という3つの条件を満たすことが必要となる。

　躁状態は目立つ症状であるため，周囲の人が見逃すことはほとんどない。多くの場合，うつ病とは対照的に高揚した気分となり，意欲の亢進がおこる。しかし，表面的に結びついた観念が次々と湧き出し，思考が逸脱し，まとまらなくなる観念奔逸や手当たり次第に無計画に駆り立てられるように行動をはじめる行為心迫がみられる。具体的行動としては，多動多弁で，話の内容は自我感情の亢進を反映して自慢話が多くなる。抑制の欠如と判断力の低下のためにやたらに電話をかけたり，訪問したり，浪費する。無謀運転，性的逸脱行動，無銭飲食等の問題行動も起こりうるが，躁病の際の刑事事件は，うつ病の際の親子心中などの重大さに比べ意外に軽いものが多い。身体症状はうつ病と比べて少なく，行動過多による身体衰弱くらいである。睡眠時間は短縮し，早朝覚醒が目立つが短時間でも比較的熟睡できるので不眠の訴えはない。

2. 双極性障害の治療とその対応

躁病の治療は，刺激を避け，十分な栄養と睡眠を確保しながら抗精神病薬，抗躁薬による薬物療法を行う。躁病患者は病識を欠いていることがほとんどのため，精神科外来へ連れていくことが大仕事となる。治療者は，患者の要求を十分に述べさせ，聞くことで患者を満足させ，入院や服薬等の指示に従わせるようにする。

❹ 不安障害とその周辺

1. 不安障害とは

かつて不安障害に含まれるものをひとくくりに神経症とよんでいた。しかし，神経症の成因は人間心理や体質や環境などが複雑に絡み合い，検証が困難なことから，「神経症」という概念の有効性に疑問が提出されるようになった。そのため，アメリカ精神医学会による診断マニュアル（DSM）の1968年の第Ⅱ版には，独立して神経症という項目があったものが，1980年の第Ⅲ版以後，独立した項目はなく，さまざまな障害の項目の中に，それまで神経症として扱われていたものが含まれる形になっている。この現状の中で，あえて不安障害を一般的にいえば，心理的な原因によって起こってくる心身のさまざまな症状であるといえるだろう。心理的なものが原因ということは，私たちの身体自体に問題があるのではなく，内的な葛藤，不安その他の心因によって心身の機能に異常がみられるということである。また，精神病との区別も難しく，精神病は不安障害水準の床をひとつ踏み抜いてしまって，「自分をコントロールできない」水準と考えるとわかりやすい。また，いわゆる「人格障害」概念はさらに位置づけが困難だが，伝統的には人格の生来の要素と発達途上の要素がからみあって「ゆがみ」が生じたものと考えられている。表8-4に簡単にそれぞれの違いを載せる。

第II部　こころを支える

表8-4　精神科の病気と人生

	健康人	不安障害の人	いわゆる人格障害	精神病の人
うそに関して	うそをつくことができるが、大体つかずに済ませられる。	自分にうそをついているともいえる状態。	他人や社会にうそをつくことが習慣になっている。	うそをつくこころのゆとりがなく、うそをつくことができない。
秘密に関して（土居健郎氏の考えを加えて）	自分の秘密を不安なしに保てる。他人が秘密をもつことに寛容である。	自分の秘密を自分の目からもおおい隠そうと一生懸命になる。	こころの秘密の大切さを知らない。他人の秘密に土足で入ってくる。	自分の秘密が他人につつぬけになっている（統合失調症）か、自分に秘密を認めない（躁うつ病）。
解決しにくい葛藤に際して	現実的な解決をしようとし、その時期をゆとりをもって待つことができる。	こころの中の葛藤に巻き込まれる。非現実的な、幻想的自分本位の解決を求めてさまよいがち。	自分のこころの中に葛藤はないと思っている。他人を動かしたり、暴力的に解決しようとしたりする。	葛藤を避ける。避けられないときは途方にくれる（統合失調症）。葛藤がないかのようにそれを無視して行動する（躁うつ病）。
内面と外界	内面と外界とのあいだの風通しがよいが、外界に振りまわされずにおれる。	自分の内面に振りまわされ、外界は二の次になる。	自分の内面を変えることはできず、また変えようとしない。もっぱら、外界を自分のよいように変えようとして、人を悩ます。	内面と外界とのあいだの境界がはっきりしなかったり、弱い仕切りしかないような感じがする。外界の影響に直接さらされ外界に圧倒されがちとなる。

（中井・山口，2001，p.168 を筆者改変）

2．不安障害の背景

　不安障害は心因によって起こるといっても，単に肉親がなくなったとか，大学受験に失敗して落ち込み，食事が食べられなくなったというような原因が明らかで，それに対する一時的な反応をいうものではない。それには，図8-4に示すように体質的な素質と，その人の幼児期から現在に至るまでの成長過程に

おけるさまざまな問題が加わって，不安障害になりやすい状態が作られる。その上に直接的な心因やストレスがあると，それがきっかけとなって発症するのである。しかし，直接な原因となる心因があったとしても，それを受けとめる本人のとらえかたや対応の仕方により心因とならなければ，不安障害にまでは発展しない。

では，不安障害になりやすい素質や準備状態とは何だろうか？　第1は，生まれつきの素質である自律神経の過敏さや無力性体質があげられ

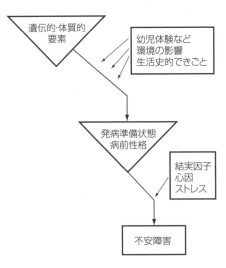

図 8-4　不安障害が発病するまでの模式図
（福島ら，1990，p.16 を筆者改変）

る。第2は，性格的なもので一般的にいわれているのは，几帳面，神経質，とらわれやこだわりが強い，完全主義で柔軟性に乏しい，依存心が強いなどである。いずれも幼児期以後の親子間などの対人関係の中で形成されるもので，このように不安障害の準備状態は，生育史の過程で作られる部分が大きいといえる。

さて，これまで精神医学の世界では，不安障害を考える場合に，その元にある不安の心理的要因に注目し，治療にあたってきた。ところが，最近では，不安障害をもたらす不安には生物学的な要因，つまり神経化学的なメカニズムも関係していることが明らかになってきた。とくに後述する「パニック障害」や「強迫性障害」は脳の一時的な機能障害である確率が高いといわれ，治療も従来の心理療法に加えて，薬物療法が重視されてきている。そこでそれまでの心理的な不安がもとで起こるといわれてきた不安障害の原因に加えて，生物学的な要因を見いだされたことから不安障害の定義や考え方が見直された。最新のアメリカ精神医学会の診断基準（DSM-5）では，表8-3のように主な精神的な病気をグループ化すると「気分の障害」「不安障害」「統合失調症」「その他」

に分けることができる。

3. さまざまな不安障害

(1) パニック障害

　以前から，不安障害と診断される症例の中には，不安状態が発作的に現れ，それが収まるとあまり症状が目立たない急性不安タイプと，いわゆる不安が持続する慢性不安タイプがあることが知られていた。この急性不安タイプをDSM-Ⅲでパニック障害とよんで以来，広く使われるようになった。不安は特定の対象がなく，漠然としてどうしようもない無力感をともなうものである。不安と良く似ている恐怖は，特定の対象である恐れを起こすものが決まっていることで不安とは区別される。

　パニック障害は，急に心臓がドキドキして，胸が締めつけられるように苦しくなり今にも死にそうに感じる。そして患者は蒼白になって，「死ぬのではないか」「発狂しそうだ」と騒いだり医者を呼んだりするが，しばらくすると治まることが多い。このような発作を起こすのは，一人でいるときや雑踏の中にいるとき，電車の中，劇場や講堂などの広い場所にいるときに起きやすく，そのため患者は発作を起こすことを心配して家の中に閉じ込もってしまうことが多い。また，パニック発作が起きたときに逃げたり助けを求めたりできない場所にいることに対する不安や回避を「広場恐怖」とよび，DSN-5では「広場恐怖」はパニック障害から独立した障害として定義された。ちなみに「広場恐怖」の広場とは，単に場所のことをさすのではなく，助けてくれる人がいない状況や囲われて逃げられない場所を意味している。

　治療法としては，薬物療法で，発作を抑制し，行動療法によって不安回避の改善を図ったり，精神面に対して心理療法を行ったりする。

(2) 強迫性障害

　強迫性障害の主症状である強迫症状は，自分でも「バカげている。不合理だ」

ということがわかっていながら，やめると不安になるため，こころでは否定しつつも，ある観念や行為をやめられずに苦しむものである。このような強迫性障害の基礎には強迫性格とよばれる性格傾向があるといわれている。

日本が明治以来経済的に発展をとげてきた理由のひとつに，日本人の勤勉さがあったといわれるが，その勤勉さは作業を正確に能率よくこなすため，几帳面に働くことといってもよい。そのうえ，命令されたことには従順に何の疑問ももたずに，完全にそれを遂行することも必要だったといえる。以上のような日本社会では，評価されることの多いのは，几帳面，潔癖，完全主義的な性格であった。しかし，一度思いこんだら執念深く追究し，堅苦しく柔軟性に乏しい性格を強迫性格という。

強迫性格の人には，しばしば几帳面とだらしなさ，けちと浪費，従順さと攻撃性，やさしさと残虐性といった両極端といってよい面があり，それゆえ本人は自分はダメだととらえている場合が多い。この強迫性格をシュナイダー(Schneider, K.)は，自己不確実者とよび，いつも自分に自信のもてない，自分に迷いの多い人のことを指した。シュナイダーによれば，さまざまなコンプレックスのために，自分に自信がなく迷うとき，私たちは物事に対して，細かくこだわるようになるか，またはひがむようになるかの2つであるといわれている（図8-5）。

したがって，たとえば外出するときに何度もガス栓や鍵を締めたかに細かくこだわり，繰り返し確かめないと気がすまない「確認強迫」は，きちんとしたい人が，自分に自信がないためにそれを繰り返していると考えられるのである。

一方，精神分析においては強迫性障害の原因を，精神発達における肛門期との関連で説明する。肛門期のトイレットトレーニングにおいて，子どもが排泄行為を身につける時，周囲，とくに母親の働きかけが適切でないと，強

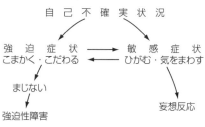

図8-5　強迫性障害発症のメカニズム
（福島ら，1985, p.129を筆者改変）

迫的な傾向に発展していくという。つまり，排泄が，そそうなく完全にできた時にはほめるが，失敗したときには厳しく叱るということが続くと，子どもはどんな状況においても，いつも同じやり方，順序でものごとをやろうとする傾向をもつようになる。これがひどくなると，ほとんど儀式のようにきちんとやり方を決めて数えながらやり，途中で何かあって，思うようにならないともう一度最初からやり直すことを繰り返す。たとえば手や顔を洗うだけで，何時間もかかり家から出られなくなることもある。

表8-5 一般的な恐怖症の病型と恐怖の対象

病型	恐怖の対象	症状
先端恐怖	ペン先など	先のとがったものが，目に突きささるのではないか
動物恐怖	犬・猫・馬・へび	子どもに多くみられ，特定の動物に恐怖を抱く
密閉恐怖	エレベーター車・飛行機の内部	外から遮断されたところから外へ出られなくなるのではないか
高所恐怖	高い所	自分が衝動的に飛び降りてしまうのではないか
視線恐怖	視線	人の視線を恐れる一方，自分の視線が他人の感情を害するのではないか
体臭恐怖	口臭・わきがなど	自分の体臭が強いため，他人に嫌われるのではないか
醜形恐怖	容姿	自分が醜いと思い込み，人前で緊張する
赤面恐怖	赤面	人前で顔が赤くなると感じて緊張する
疾病恐怖	病気・病菌	他人が触れたものに触ると病菌が感染し，病気になるのではないか
不潔恐怖	不潔なもの	不潔感に対する過敏な恐れを抱く
夜間恐怖	暗闇・夜	子どもに多くみられ，暗い夜に化物が潜んでいるのではないか
水恐怖	水	水が恐ろしく，水を触ったり，飲めなくなる
火恐怖	火	火に神秘的なものを感じて恐れを抱く

(岡本ら，1991，p. 219)

(3) 特定の恐怖症

普通では恐怖を感じる必要のないものや状況に，非常な不安や恐怖を起こすことをいう。この症状は恐怖の対象が固定し，限定されているのが特徴で，それが何に向かっているかによってそれぞれの病型が考えられる（表8-5）。

フロイトは，実は本当に怖い対象は別にあるが，それを「抑圧」することができなかったために，こころの中で違うものを別の対象にすり替え，それを恐がっているのが恐怖症であると考えた。

❺ 精神病とその周辺

1．精神病とは

一般に精神病は，内因性と外因性のものに区別される。外因性精神病は，脳自体の異常により起こるものである。内因性精神病は，統合失調症，抑うつ障害，双極性障害，そのどちらにも含まれない非定型精神病をいう。内因性精神病の原因は，未だに不明でおそらく脳の中の神経伝達物質の代謝異常が原因ではないかといわれているが，それも現在のところ定型的・特徴的な変化は見いだされていない。ここでは簡単に統合失調症，抑うつ障害，双極性障害とその他のこころの病について学んでみよう。

2．統合失調症

(1) 統合失調症とは

1890年代に，クレペリン（Kraepelin, E.）が精神病をその経過によって二分し，躁うつ病と並んでもうひとつの疾患単位を早発性認知症としてもうけ，これらを内因性精神病として包括した。クレペリンは，統合失調症が，内因性の原因不明の病的過程をたどり進行してゆき，末期には特有の人格荒廃に至ることを示した。そして，この病気が主として青年期に発病することから早発性痴

呆とよんだのである。しかし，その後，名称どおり青年期に発病するとは限らず，また必ずしも人格荒廃に至らない例もあることから，1911年にブロイラー（Bleuler, L.）によって精神分裂病の名におきかえられた。また，ごく最近，わが国において精神分裂病という診断名が差別的な意味を含むようになってきたことにともない，統合失調症と名称変更された。

統合失調症は，発生頻度の高さ（一般人口中の出現頻度は0.8％前後），病像の特異性，治療の困難さなどから精神医学の臨床において今日もなお最も重要な位置を占めている疾患である。しかし，現在のところその原因について未だに不明であるところから，その診断はもっぱら精神症状と経過を観察することによってなされている。国際疾病分類（ICD-10）では，統合失調症は思考と知覚の根本的で独特な歪曲および不適切なあるいは鈍麻した感情によって特徴づけられる障害とされ，意識と知能は保たれるとされている。

また，アメリカ精神医学会の診断基準（DSM-5）では，統合失調症と診断されるには最低1ヵ月間は特徴的な活動期であることが必要である。すなわち，

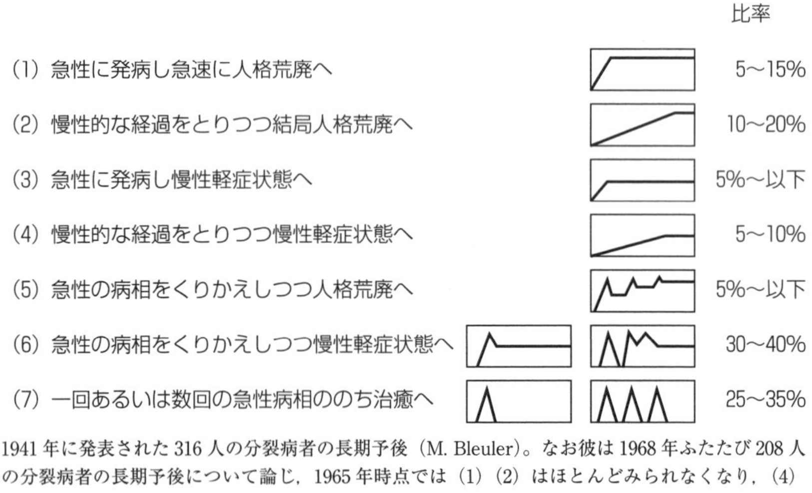

		比率
(1) 急性に発病し急速に人格荒廃へ		5〜15％
(2) 慢性的な経過をとりつつ結局人格荒廃へ		10〜20％
(3) 急性に発病し慢性軽症状態へ		5％〜以下
(4) 慢性的な経過をとりつつ慢性軽症状態へ		5〜10％
(5) 急性の病相をくりかえしつつ人格荒廃へ		5％〜以下
(6) 急性の病相をくりかえしつつ慢性軽症状態へ		30〜40％
(7) 一回あるいは数回の急性病相ののち治癒へ		25〜35％

1941年に発表された316人の分裂病者の長期予後（M. Bleuler）。なお彼は1968年ふたたび208人の分裂病者の長期予後について論じ，1965年時点では(1)(2)はほとんどみられなくなり，(4)(5)(6)(7)が増加していると述べている。

図8-6　ブロイラーによる分裂病者（統合失調症）の予後調査
（加藤ら編，1993, p.465）

活動期は次のうち2つまたはそれ以上存在することと規定している。①妄想，②幻覚，③まとまりのない発語（頻繁な脱線または減裂），④ひどく解体した緊張病性の行動，⑤陰性症状，すなわち情動表出の減少，意欲の欠如などである。

経過は大きくわけて，比較的急速に人格荒廃状態に陥る経過型と，多彩な精神症状を呈しつつ慢性的に経過する型と，反復発症するがその都度よくなる型がある。その割合について，ブロイラーの図を参考として示す（図8-6）。

(2) 統合失調症の基本的症状

統合失調症は伝統的には破瓜型，妄想型，緊張型の3群に分類される。破瓜型は，破瓜期（青春期，15歳〜25歳前後）に発病することが多いことからこの名が生まれた。症状の特徴は，妄想や幻覚は断片的で体系化しにくく，そぐわない不適切な感情や態度を示し，行動は衝動的あるいは無目的であるように見える。ひとりごと，空笑，ひそめ眉等の不自然な態度をともなう。

妄想型の発症年齢は，25歳〜30歳前後で他の型より遅い。この病型の中心症状は，幻覚妄想でその他の統合失調症状（能動性減退，感情鈍麻，自閉性，対人接触に関する障害など）がみられないか，あっても軽度である。主症状の妄想・幻覚のうち最も多いのが被害妄想である。要するに「周囲がグルになって」自分を監視しており，自分だけが特別な存在であるという確信に裏打ちされている。この側面が発展すると，自分が重要人物であるという誇大妄想となる。

緊張型は，多くは20歳前後に急激に発症し，緊張病性の興奮と混迷を繰り返す。緊張病性の興奮や混迷は，数日から数カ月のうちに軽快し軽快時には人格の障害や欠陥は少ない。

(3) 統合失調症の治療とその対応

治療は，統合失調症の原因が未だに不明なため対症療法の域を出ていない。現在は薬物療法が中心で，向精神薬の進歩により人格荒廃状態に至る患者の数は減少し，むしろ入院まで至らずに状態を維持している患者が増えている。そのためにも好ましい治療者・患者関係ができ，適切な治療がなされることが重

要となる。現在のところ薬物療法と，自閉的生活に患者を固定化させないための生活指導的療法と，患者の内的世界を理解し統合を促す精神療法の3つを適宜患者の状態に合わせて行うのが理想的な治療形式となっている。

また，近年，できる限り社会との接触を保ちつつ治療する方向が重視され，社会復帰を促進するために作業療法やレクリエーション療法などが実施されている。その他，昼間，学校や職場に通い，夜間，病院で過ごすナイトホスピタルや，家庭から毎日病院へ通わせ，個人や集団で治療や指導を受けるデイホスピタル形式も多く採用されてきている。

❻ その他のこころの病

1．転換性障害

かつてはヒステリーとよばれたもので2500年の歴史をもつ病名であるが，差別語となってきたことによりDSM-Ⅲから名称が変更され，DSM-5では「身体症状と関連のある障害群」に分類された。そもそもヒステリーは，ヒポクラテス（Hippokurates）が，体内を子宮が動きまわるために起こる病気と考え，子宮を意味するヒステリーと命名したのに始まる。したがって女性に多い心因性の病といわれたが，フロイトが精神分析的研究をヒステリーの症例から始め，ヒステリーは心因から起こることを提唱して以来，男性にもみられる病気であることが明らかになった。

一般に「ヒステリー」（転換性障害）という言葉には，大きく分けて3通りくらいの意味がある。第1には，情緒的に未熟なためすぐに感情的になり泣いたりわめいたりするいわゆるヒステリー性格をさす場合，第2に，ある事柄に対する感動，精神的なショックを受けたときの反応，たとえば大きな地震に遭遇して恐怖や驚愕して腰を抜かしてしまうような心因反応をいう。第3に，心理的要因によって引き起こされた身体症状をいう。

ではこの転換性障害はどうして起こるのだろうか？　私たちには，自分にと

って不愉快で，嫌なあまり思い出したくない体験を意識の外，すなわち無意識の中へ追いやってしまうこころの働きがある。これがフロイトがいう防衛機制のひとつ，「抑圧」である。思い出したくないことを無意識の中に押し込めておくには，ちょうどゴムまりを水中へ押し込むように，押せば押すほど水面に浮かび上がろうとする力が強くなる。そのためそれを押し込んでおくには相当な力が必要となる。もし押し込む力が何かの拍子で弱くなって，抑圧がうまくいかなくなると，思い出したくない体験等が意識の中に出てくることになる。しかしそのまま思い出すことが辛いので，その漏れ出てくる体験を身体症状に形を変えて現れたものが転換性障害なのである。たとえば，手足がきかなくなったり，目や耳が聞こえなくなったり，声が出なくなったりする。その他よくいわれている症状に，ヒステリー頭痛，ヒステリー球（喉に球のようなものがつまって上下する感じがする），心臓がドキドキしたり，脈拍が速くなるような自律神経系に関する症状やけいれん発作などがある。

■事例■　F子は，20歳の未婚の女性で，勝ち気で几帳面である。兄姉の後，年が離れて生まれた末娘で，おとなしく一人遊びを好んだこともあって，母親からあまりかまわれることなく育った。F子が幼稚園の頃，父親が独立して自分で会社を作ったが，それが軌道に乗るまで仕事上のイライラをF子と母親にぶつけていた。母親は，考え方が古く夫には従順だが，夫から受けるストレスを一方的にF子に愚痴り，言い出すと止まらない人だった。

高校生の時，F子は自分を馬鹿にしていると思った女の先生とことごとく敵対し，ある時教室でけいれん発作を起こした。その時から緊張すると耳が聞こえなくなった。浪人後大学に入学するがうまくいかず，カウンセラーとの面接の中で，家にいても居場所がなく，ただ誰かに優しくしてもらいたくて男の人とつき合い，妊娠してしまった。妊娠中絶手術を受け，そのことを女の先生から責められた気がしてパニックを起こしたことがわかった。子どもの頃から母親に厳しい倫理感で育てられてきたこともあって，その罪悪感を強く内的に抑圧し，母親から何か言われたくない，耳をふさぎたい，すなわち耳が聞こえなくなるということに転換していることが明らかになり，改善へと向かった。

2. 摂食障害群

(1) 摂食障害とは

　広義の摂食の障害すなわち食行動の異常は，さまざまな精神障害，各種の認知症，乳幼児期の異食症や反芻などにみられる。しかし，現在狭義に心因性によって食行動の異常が現れ，かつその異常が主なる症状である一群の障害を摂食障害と総称している。DSM-Ⅳでは神経性無食欲症と神経性大食症の2つに分けられていたが，DSM-5では過食症障害が新たに加えられた。神経性大食症との違いは，過食を繰り返しながらも嘔吐や下剤使用などの代償行動のない人に診断名をつけるために作られた。

　狭義の摂食障害の中心的病態を神経性無食欲症という名称で初めて報告したのが1874年のガル（Gull, W. W.）であった。ガルは，神経性無食欲症の症状として，食欲不振，無月経，徐脈，軽度の低体温，呼吸数の減少などをあげ，「器質的徴候は認められず，著しく活動的で，食欲不振は病的な精神状態によるものであり，したがって成因は末梢性ではなく中枢性のものである」(Gull, 1874) と述べている。1960年以降，マイヤー (Meyer, J. E.) による「思春期やせ症」や下坂幸三による「青春期やせ症」などの概念が提唱され，神経性無食欲症の心理的側面への理解が深まった。2013年のアメリカ精神医学会の改訂により，次のような診断基準（DSM-5）に分類された（表8-6参照）。

(2) 摂食障害の特異性

a. 神経性無食欲（やせ）症

　神経性無食欲症には3つの必須の特徴がある。持続性のカロリー摂取制限，肥満への強い恐怖または体重増加を阻害する行動の持続，体重あるいは体型に関する自己認識の障害である。

　DMS-5から，診断基準からそれまであった無月経の項目がなくなった。これは男性や閉経後等による無月経の患者にも神経性無食欲症の症例が存在することに配慮したものである。しかし，多くは女性であり25歳以前に発症する

表8-6　DSM-5の診断基準1

神経性やせ症／神経性無食欲症（Anorexia Nervosa）
診断基準
　A．必要量と比べてカロリー摂取を制限し，年齢，性別，成長曲線，身体的健康状態に対する有意に低い体重に至る。有意に低い体重とは，正常の下限を下回る体重で，子どもまたは青年の場合は，期待される最低体重を下回ると定義される。
　B．有意に低い体重であるにもかかわらず，体重増加または肥満になることに対する強い恐怖，または体重増加を妨げる持続した行動がある。
　C．自分の体重または体型の体験の仕方における障害，自己評価に対する体重や体型の不相応な影響，または現在の低体重の深刻さに対する認識の持続的欠如

神経性過食症／神経性大食症（Bulimia Nervosa）
診断基準　〈307.51（F50.2）〉
　A．反復する過食エピソード，過食エピソードは以下の両方によって特徴づけられる。
　　(1) 他とはっきり区別される時間帯に（例：任意の2時間の間に），ほとんどの人が同様の状況で同様の時間内に食べる量よりも明らかに多い食物を食べる。
　　(2) そのエピソードの間は，食べることを抑制できないという感覚（例：食べるのをやめることができない，または，食べる物の種類や量を抑制できないという感覚）。
　B．体重の増加を防ぐための反復する不適切な代償行動。例えば，自己誘発性嘔吐；緩下剤，利尿薬，その他の医薬品の乱用；絶食；過剰な運動など
　C．過食と不適切な代償行動がともに平均して3カ月間にわたって少なくとも週1回は起こっている。
　D．自己評価が体型および体重の影響を過度に受けている。
　E．その障害は，神経性やせ症のエピソードの期間のみに起こるものではない。

過食性障害（Binge-Eating Disorder）
診断基準　〈307.51（F50.8）〉
　A．反復する過食エピソード。過食エピソードは以下の両方によって特徴づけられる。
　　(1) 他とはっきり区別される時間帯に（例：任意の2時間の間に），ほとんどの人が同様の状況で同様の時間内に食べる量よりも明らかに多い食物を食べる。
　　(2) そのエピソードの間は，食べることを抑制できないという感覚（例：食べるのをやめることができない，または，食べる物の種類や量を抑制できないという感覚）
　B．過食エピソードは，以下のうち3つ（またはそれ以上）のことと関連している。
　　(1) 通常よりずっと速く食べる。
　　(2) 苦しいくらい満腹になるまで食べる。
　　(3) 身体的に空腹を感じていないときに大量の食物を食べる。
　　(4) 自分がどんなに多く食べているか恥ずかしく感じるため1人で食べる。
　　(5) 後になって，自己嫌悪，抑うつ気分，または強い罪責感を感じる。
　C．過食に関して明らかな苦痛が存在する。
　D．その過食は，平均して3カ月間にわたって少なくとも週1回は生じている。
　E．その過食は，神経性過食症の場合のように反復する不適切な代償行動とは関係せず，神経性過食症または神経性やせ症の経過の期間のみに起こるのではない。

（「DSM-5　精神疾患の診断・統計マニュアル」より）

のが普通である。そのうち12歳〜20歳の間の発症がほとんどである。発症は，はっきりとした食行動の異常で，多くはそれ以前に，自分の容姿や太めであることを悩み痩せることを望んでいた場合が多い。学校がおもしろくない，試験に失敗したといった些細な失意体験や，友達がダイエットを始めたのに刺激されたといったことから始まる。その後，とどまることをしらない過度の食事制限によって，痩せて衰弱するが，活動的である。体重増加もしくは肥満になることへの恐怖心は大きく，自分で嘔吐したり，下剤による排出など，さまざまな方法を使って安全な体重の維持を拒む。また，美容上のダイエットの限界を超えて，人から見ればまるで骸骨のような姿を鏡で見ても痩せすぎていることを認めないボディイメージ（身体像）の障害がある。

b. 神経性大（過）食症

神経性過食症の場合も若い女性に多いが，その発症年齢は神経性無食欲症よりもやや高い傾向がある。多くは18歳以上で発病する。神経性過食症はその過食の始まる前に減食をしているのがほとんどであるため，必然的に発病年齢が高くなる。発症のきっかけは，何らかの失意，自己評価を低下させるような体験，怒りといった些細なことが多い。神経性過食症に特徴的である気晴らし食いは，神経性無食欲症から移行する場合も，始めから過食症として発症する場合も形式的には同じものである。気晴らし食いは，本人が我慢できない，食べたいという強い欲求が突如として起こるところから始まる。この強力な衝動にもとづいて食物を矢継ぎ早に味わうことなく，飲み込むように食べ短時間のうちに多量の食物を平らげる。このような自らの食行動の統制を失った感覚を恥じ，強く自分を責め意図的な嘔吐や下剤乱用を試みる。

c. 過食症障害

過食症障害の特徴は，過食エピソードの繰り返しである。一般的な食べ過ぎ，神経性大食症，肥満との鑑別に注意が必要である。過食エピソードとみなすためには，抑制不能という感覚がともなわなければならない。神経性大食症のように，過度の食事制限をつづけることはないし，嘔吐や下剤による代償行動を行うこともない。そのため過食症障害では肥満者が多いのが特徴である。単な

る肥満とくらべ，他の精神疾患と合併している場合が多い。

(3) 摂食障害の背景
a. 性格傾向
　神経性無食欲症の人の家族から報告された発病以前の性格は，一般に素直，従順なとてもよい子であったというものが多い。親の期待に添い，努力家であったので親はそれに満足していたというのが普通である。典型的な場合にブルック（Bruch, H.）は，パーフェクトガール（完璧な娘）であり，ロボットのように従順であるといった。しかし，詳しく調べてみると多くは強迫的な傾向が認められ，負けず嫌いで競争心が強い。対人的には，友人関係は少なく内気で孤立しがちである。

　神経性過食症についての病前性格についての研究は少ない。基本的には神経性無食欲症と共通していると考えられている。ただ過食のいちじるしい例では，わがままで依存的であり，社交性もかなり備えているといわれている。

b. 家族関係
　摂食障害においては家族あるいは親子関係がその成因に関わっているといわれている。摂食障害の患者の典型的な両親像は，弱い父親と優勢な母親との組み合わせであることが多い。弱いといっても必ずしも社会的な地位や能力が劣っているわけではなく，家庭内での発言力や指導力に乏しいという意味である。母親は夫に失望し，子どもに多くの関心を向け過保護な養育をしている。母親は自分の思うように娘を育て，自分の考えを押しつけようとするところがある。このような押しつけがましさによって，幼児の従順さがつちかわれ，自主性が育たず思春期に至って依存と同時に母親に対する憤懣が表面化してくるのである。一方，これとは別に家族関係の中で，周囲はその目立たない存在を心配のいらないものと見なしたり，家族間の調整役を押しつけ，患者はそれらの役割をこなすことで家族の安定を得ようとしている相互関係の結果である，という考え方もある。

(4) 摂食障害の実際とその対応

■事例■ M子は、両親とふたりの妹の5人家族である。幼いときに実母をなくしたM子の母親は、気性の激しい継母に言いたいことを押さえつけられて育ち、のんびりした性格の夫と結婚したが、頼りない夫に不満だった。また、何があっても自分の考え通りにしないと気が済まないという強迫的な面があり、子どもの気持ちを汲み取れない人だった。M子は、妹が生まれた頃から一人遊びが多くなり、親に甘えることもなく手のかからない子だった。そのうえ何事も時間がかかっても一生懸命やる、親から見ればこのうえない「良い子」だった。ところが中学校に入って、ガタンと痩せだし、141cmで32kgの体重が2週間で4kgも減少したため、神経性無食欲症という診断で入院した。M子は入院をいやがり、病院を抜け出して遠く離れた家へ帰ったりするのでやむなく退院となった。その後も体重は減少し、学校で倒れたりして危険な状態なので再び入院した。M子が治療を嫌がるためやむなく拘束して、点滴や栄養チューブを取り付け、体重が戻り始めて心理的な治療ができるようになったのである。そこでようやく単に食事のことだけでなく、M子は友達関係ひとつみてもひとりよがりでこうと決めたら、絶対に譲ろうとせず、何ごとも安心して大人に委ねられない性格であることがわかってきた。半年後、主治医、臨床心理士、看護師、家族といった周囲の必死の努力で、M子は少しずつ周りと合わせられるようになり、自然な形での自己表現もできるようになって退院した。

摂食障害の対応として、初めは身体面での栄養確保や体重増加のための処置が必要となる。その後次第に心理療法的接触を深めていくことになる。その際次のことに注意して治療を進めていく。①患者を中心として、問題の原因や解決方法についての患者との合意が大切である。②入院治療が望ましい。③治療には一貫した対応と一定の手順をもった枠組みが必要である。④望ましい方向の変化は小さいことでも評価し、変化推進の工夫をする。⑤変化が見えたら、食行動異常に関することや患者の感情的内容を取り上げ、理解を深める。⑥治療の後退があっても、あわてずに乗り越える工夫をする。

3. パーソナリティ障害

(1) 境界性パーソナリティ障害とは

当初「境界例」という名称は，不安障害と精神病の間の境界に位置する症例群を意味していた。しかし最近になって，境界例は，不安障害から精神病への移行的なものではなく，発達的な問題も含めて境界パーソナリティ構造という得意な人格障害をもった一群であるということがわかってきた。境界例を人格障害として理解した人の代表としてカーンバーグ（Kernberg, O.）がいる。彼は，1967年，分裂機制と病的に内在化された対象関係を特徴とする「境界人格機構」の考えを提唱し，「境界例」を精神病とも不安障害とも異なる独特の人格構造を有するものと提唱した。そして，境界性人格障害は，同一性と対象関係の発達に強い障害がある病理であるとした。

1970年代前半に入って，対象関係論に立脚した研究が多くなり，「境界例」の独特の人格構造が形成される主因は早期幼児期の精神発達障害であると考えられるようになった。マーラー（Mahler, M. S.）やマスターソン（Masterson, J. F.）は，生後16～25カ月の「分離―個体化過程」の人格発達に障害があり，それが第2の「分離―個体化期」とされる思春期青年期に「境界例」として発症すると考えた。とくにマスターソンは，この時期の幼児は運動能力の増大にともない，自分の意志で動けることに喜びを感じると同時に，母親から離れることに不安を感じる。この時，乳児が自律していくことを望まない母親は，乳児に見捨てるぞという脅しを与えて，拘束し支配してしまう。乳児は母親の愛情が喪失することを恐れて，母親の反応に敏感になり混乱して「見捨てられ抑うつ」が生じる。このように見捨てられることに敏感になった乳児が成長して，第2の個体化の時期である思春期青年期を迎えて，再び「見捨てられ抑うつ」が顕在化してくると考えた。その際の「境界例」患者の感情障害に注目し，その中核として「見捨てられ抑うつ」を挙げ，その情動には，抑うつ，憤怒，恐怖，罪責感，受動性・孤立無援感，空虚感の6つの成分が含まれるとした。

その後，1980年に出されたアメリカ精神医学会の精神障害の診断基準（DSM-

第Ⅱ部　こころを支える

表8-7　DSM-5の診断基準2

境界性パーソナリティ障害（Borderline Personality Disorder）
診断基準〈301.83（F60.3）〉
　対人関係，自己像，感情などの不安定性および著しい衝動性の広範な様式で，成人期早期までに始まり，種々の状況で明らかになる．以下のうち5つ（またはそれ以上）によって示される．
　(1) 現実に，または想像の中で，見捨てられることを避けようとするなりふりかまわない努力（注：基準5で取り上げられる自殺行為または自傷行為は含めないこと）
　(2) 理想化とこき下ろしとの両極端を揺れ動くことによって特徴づけられる，不安定で激しい対人関係の様式
　(3) 同一性の混乱：著明で持続的に不安定な自己像または自己意識
　(4) 自己を傷つける可能性のある衝動性で，少なくとも2つの領域にわたるもの（例：浪費，性行為，物質乱用，無謀な運転過食）（注：基準5で取り上げられる自殺行為または自傷行為は含めないこと）
　(5) 自殺の行動，そぶり，脅し，または自傷行為の繰り返し
　(6) 顕著な気分反応性による感情の不安定性（例：通常は2～3時間持続し，2～3日以上持続することはまれな，エピソード的に起こる強い不快気分，いらだたしさ，または不安）
　(7) 慢性的な空虚感
　(8) 不適切で激しい怒り，または怒りの制御の困難（例：しばしばかんしゃくを起こす，いつも怒っている，取っ組み合いの喧嘩を繰り返す）
　(9) 一過性のストレス関連性の妄想様観念または重篤な解離症状

（「DSM-5　精神疾患の診断・統計マニュアル」より）

Ⅲ）で初めて人格障害の類型のひとつに境界性人格障害が取り上げられた．これはあくまでも記述的なものであるが，それまでの知見を取り入れたものとなっている．境界例の特徴をよくとらえ，現時点でのひとつの到達点と考えられるので，DSM-5の診断基準を表8-7に示す．

(2) 境界例の症状的特徴

　境界例の治療上の困難さは，患者の自己愛の傷つきを防御するための誇大性の追求とどんよくにしがみつく依存性にあるといわれている．このことから，西園昌久は境界例に誇大性追求型と依存寄生型のあることを見いだした．
　誇大追求型は，対人緊張としばしばそれを防衛しようとして攻撃的構えを見せる．自尊心の傷つきに敏感なため，他者の評価に神経質で，とくに権威的な

人を幻想的に理想化して追求し続ける。そうでない人には挑戦的で，見下し続ける。現実の人間関係は非常に乏しい。これに対し，依存寄生型は同様に対人緊張を起こしやすい。その際，相手に調子を合わせることができず，「しらけ」「空しさ」を感じやすい。抑うつ気分や気分変調がひどく，家族や治療者にどこまでも依存するが満たされることがない。受け入れられないと，手首自傷，薬物服用などの自己破壊行動にでる。もちろん両群に共通する特徴もあるが，乳幼児から今日までの対象喪失，あるいは拒絶体験の深さの違いによるといわれている。

(3) 境界例の治療とその対応

　境界例の成因からもわかるように，その最も重大な障害は，人格構造に根ざした強い依存欲求と見捨てられることの恐れからくる対人関係の困難さである。それゆえ治療はきわめて困難な，ときには危険なものである。治療については境界例概念が生まれてきた頃から論議されており，さまざまな見解がある。それには，精神分析的個人精神療法，支持的精神療法，家族療法，集団療法，薬物療法，入院治療などがある。患者のパーソナリティ構造の変化・修正を促すという点では精神分析的精神療法が最も重要な役割を果たすが，他の治療法もそれぞれに価値を有している。治療に際しては，時・場所・料金等の治療構造を明確に設定し，維持することが大切となる。また，患者の行動化に対するリミット・セッティングは，患者の無構造な精神内界に現実の壁を与え，真剣に関与してくれる治療者だと患者に体験される。そうやって，治療者は患者の淋しさ，虚無感や親の無理解に対する悲しみに共感と理解を示し，治療者―患者間で拒絶感から救われる体験がなされることが重要となる。

《さらに学習をすすめたい人のために》
神庭重信　2014　うつ病の理論と臨床　弘文堂
上島国利・上別府圭子・平島奈津子　2013　知っておきたい精神医学の基礎知識―サイコロジストとメディカルスタッフのために―第2版　誠信書房

9 こころの癒し

　都市化の進行による人間関係の希薄化，ハイテク社会による人間性の疎外，核家族化による家族関係の変化など，私たちを取り巻く環境は急激に変化している，それにともない人びとのこころに大きなストレスがかかるようになり，"こころの健康"や"こころの癒し"への関心がかつてないほどに高まってきている。こころを癒す心理療法の理論や技法はカウンセラーの数だけあるといわれるほど，最近では多種多様な治療法が展開されているが，ここでは，心理療法の源流ともいえる精神分析療法，行動療法，来談者中心療法を中心に学んでみよう。

❶ 精神分析療法

1．精神分析とは

　精神分析の創始者であるフロイト（Freud, S.）は，1896年に発表した論文の中で始めて精神分析という言葉を使って以来，それまで焦点の当てられていなかった人間の「無意識」の世界を発見し，タブーとされてきた「性」の衝動をえぐり出し，追求し続けることによってひとつの明確な理論大系を確立した。精神分析は，人間のこころに潜む無意識的なあらゆる事象の意味を解読し，自己洞察を深め，こころの問題を解決することを目指した治療法である。精神分析の考え方は現在も発展し続け，人間のこころの解明ばかりでなく，その考え方はあらゆる学問領域に影響を与えて，今日に至っている。

2. 精神分析の方法

19世紀後半，フロイトはパリに留学し，催眠でヒステリーを治療する研究をした。その中でヒステリーの患者に催眠をかけ，患者自身が日頃意識していない過去の苦痛な事柄を思い出すと，多くの場合感情の発散が起こり，その治療のあと症状が消えるということを体験した。そこで，患者が催眠中に，ヒステリーの原因となっている思い出したくない記憶や願望といった抑圧している感情的なしこりを吐き出させるようにすれば，それが治療になると考えたのである。ところが，催眠での症状の消失は一時的で，元に戻ることや催眠にかかりにくい人がいることから，意識下で患者が自らの病気に取り組む方法として自由連想法を考案した。

自由連想法は，患者を寝椅子に横にならせ，楽な気持ちで次々に頭に浮かぶことを，たとえ苦痛なことや恥ずかしいことであってもありのままに話すことを求める。その際，治療者は患者の視野の外に席を置くことで，患者が治療者の顔をうかがわずに自由に話ができるようにする。このように患者は，頭に浮かんだことを話していくと，自分自身でさえも気づかなかった自分のこころの動き，感情や過去の体験がわかってくる。その時，治療者から適切な解釈をされ，「なるほどあれはそうだったのか」と患者が感じわかることで，患者は自らの病気の原因を理解でき，本来あるべき自分の姿へと成長していけるようになるのである。

3. 精神分析の実際

(1) 面接の開始

精神分析の面接では，2人の人間，クライエントと治療者が一定の治療契約を結ぶことから始まる。古典的な精神分析の面接では，週3〜5回，1回50分寝椅子を用いて，思い浮かぶことを何でも話す自由連想法を行う。しかし，わが国ではほとんどの場合，週1回，1回50分，椅子に座り対面法を用いた精

神分析的心理療法が行われているのが現状である。何回かの診断面接の後，治療者はクライエントの問題についてのおおよその理解，心理療法の進め方，目標などについて説明する。そして，心理療法を行う面接の枠組みについて，話し合われ，両者の合意によって契約がなされる。面接の枠組みを「面接構造」(structure of interview) とよぶ。

(2) 面接過程で起こってくること

① 抵抗：精神分析の面接では，クライエントは「思いつくまま自由に話す」よう指示されて話し始めるが，その態度や内容にしだいにその人らしさが現われてくる。自由連想をしていく中で，クライエントにとってこころの問題の原因になったような自らの問題を想起していくことは決して楽なことではない。意識的には自己理解を深めることを目的に来室しているのにもかかわらず，面接中に黙ってしまったり，約束の時間に遅れたり，連絡なく来室しなかったりしはじめる。このような面接に対する否定的，反発的な態度を抵抗という。治療者は，この抵抗という現象を注意深く観察することによって，クライエントの問題の核心がどこにあるのかを理解できる。そして，その時起こる抵抗の意味を推測し，クライエントに指し示すことが第1の作業となる。

② 転移：第1の作業である抵抗を分析し，クライエントの抵抗が解消していくとそれまで抑圧していたエネルギーが解き放たれて，当然症状を解放してくれた治療者にその感情を向けていくことになる。治療者に愛情，信頼，尊敬，ときには性的欲求などを向けてくる。このような陽性の感情を向けることを陽性転移といい，恨み，非難，反抗，敵意など破壊的な感情を向けてくることを陰性転移という。この状況は，クライエントが幼児期に両親との間でくりひろげた葛藤を，面接者との間で再現し，クライエントが抑圧してきた衝動が解放されてきたことを意味する。フロイトは，クライエントの対人関係のもち方や人に対する感情に，その人自身の幼児期の対人関係の質や愛情欲求の満足度が重大な影響を与えていると考えた。すなわち，その幼児期の対人関係の体験「原型」を，大人になって現在目の前にいる人に同様に転移して反復していくと考

えたのである。その転移感情の意味を，クライエントに伝え分析することが第2の作業となる。

　③ **解釈**：面接が進むにしたがって，それまでクライエントが目をそらしていたさまざまな空想や思い，感情といったものが次第に姿をあらわしてくる。しかし，そのままでは，治療者への転移が，単に治療者・クライエント間のことになってしまったり，せっかく現われてきた無意識を抵抗の出現で分析できなくなってしまったりする。そこで，面接者は，今起こっているさまざまな空想や感情が，幼児期に抑圧したクライエントの心の奥深くに隠されたものから出現していることを悟らせ，その隠された奥の意味を見いだせるようにクライエントに言葉や説明を与える。それが，「解釈」である。その結果，クライエントは，幼児期に抑圧した葛藤の隠された意味を理解し，無意識的な心の動きの洞察を得ることができるのである。このような解釈と洞察はらせん状に深まっていき，得られた洞察がクライエントの出発点となって，自己理解が拡大し，クライエントに変容が起こっていくことを「徹底操作」（ワーキング・スルー）とよぶ。

❷ 交流分析

1．交流分析とは

　交流分析（TA：Transactional Analysis）は「互いに反応し合っている人びとの間で行われているコミュニケーションを分析すること」と定義され，対話を含めて人間同士の全人的なふれあいを分析していく心理療法である。交流分析では，相手を変えるよりもまず自分の問題に気づき，自分を変えることで本当の意味の人間らしいコミュニケーションをめざすことを目的とする。そこでまず自分の性格傾向や対人関係様式を図式化し，具体的に自分のどこを修正するかを知り，実生活に役立てていく。その方法として交流分析では，「構造分析」「交流パターン分析」「ゲーム分析」「脚本分析」という方法が用いられる。

2. 構造分析

　構造分析では,「人は誰でも自分の内部に親,大人,子どもの3つの自我状態をもつ」という交流分析の基本的な考え方を基にして,3つの自我状態を分析し,その人の性格傾向を明らかにする。親的な自我状態は,幼いころ親から教えられた態度や行動の部分で,父親的な厳しさと権威をもつ面（CP: Critical Parent）と母親的な共感と理解に満ちた面（NP: Nurturing Parent）に分けられる。大人の自我状態（A: Adult）は,事実に則して情報を収集し,それら

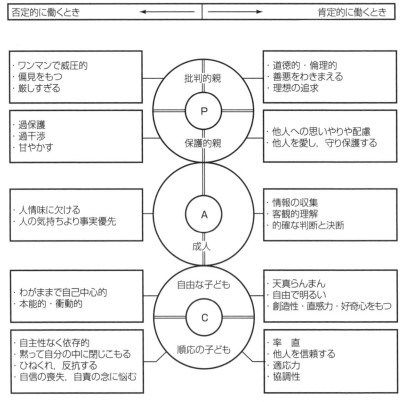

図9-1　肯定的にも否定的にも働く自我状態
（白井, 1983, p. 30）

を整理，統合して，最終的な行動に移せるかどうかを判断する自律的に働くコンピュータのような部分である。子どもの自我状態は，自由な子どもの部分（FC：Free Child）で親のしつけを受けていない生まれたままの自然な面と，成長する過程で親の影響を受けて形づくられ，両親の愛情を失わないために，その期待にそおうとして，さまざまな形で順応する方法を身につけた順応した子どもの面（AC：Adapted Child）とに分けられる。

以上の5つの自我状態のうち，被験者の性格傾向としてどの自我状態が主導権を握っているのか，心的エネルギーの割り振りがどうなっているのかを図式化し，人格パターンを一目で把握できるようにしたのがエゴグラムである。

3. 交流パターン分析

交流パターン分析は，その人の対人関係における交流をスムーズな交流（相補的交流），ゆきちがいの交流（交叉的交流），裏のある交流（裏面的交流）に分けて，互いにどのように交流しているかを明確にする。

相補的交流は，自分が発信する交流に対して期待通りの反応が返ってくる交流をいう。したがって，相補的交流では図9-2-1のようにベクトルは平行し，情報交換，気心の知れた上司と部下や新婚夫婦の会話など相互信頼に基づく交流となる。

交叉的交流は，相手に発信した言葉に対して予想外の反応が返ってくるといった，自分が相手の気持ちを裏切る反応をする場合の交流をいう。図9-2-2のように，予想外の反応のために交流は交叉する。意見の対立，親子の断絶，片思い等がその例である。裏面的交流は，表面で伝えているメッセージと異なった目的や動機を隠しもっている交流を指す。

したがって，図9-2-3のように表面的な交流とその裏側の潜在的な交流が，同時に行われていることになる。たとえば，遠まわしの依頼，社交辞令，思わせぶり，お世辞・皮肉等の交流があげられる。

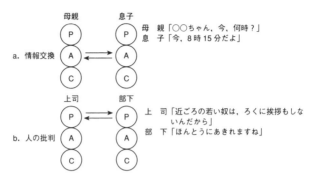

図 9-2-1　相補的交流

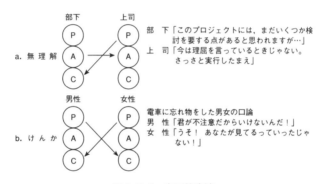

図 9-2-2　交叉的交流

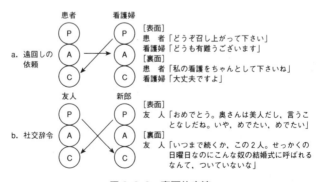

図 9-2-3　裏面的交流

（杉田，1985 より改変，窪内ら，2003，p.73）

4. ゲーム分析

　ゲーム分析はTAの中核をなすものである。交流分析では，血のかよった親密な交流ができない人は，繰り返し人間関係をこじらせたり，非建設的な結果を招いたりする行動パターン，すなわち「ゲーム」を身につけてしまっていると考える。ゲームとは，精神分析でいう性格防衛あるいは反復強迫パターンのうち，多くの人びとにみられるものを整理し，日常的な用語で表したものといえる。そのゲームを分析して明確にし，意識的にその人の交流のあり方を変えていくのである。

5. 脚本分析

　今まで説明してきた3つの分析を行っていくと，私たちは，実は幼児期に身につけた性格の基本的な仕組み，すなわち脚本によって交流していることがわかってくる。その脚本は，親から伝えられた非言語的で破壊的なメッセージを子どもが選択的に受け取り，それに従っていこうと決めたものと考える。たとえば，親から「おまえがいなければ，楽だったのに」といわれた子どもは，「存在するな」「生きていてはいけない」というメッセージを受け取ることになる。脚本分析では，患者は，両親の生活態度，しつけ，子どもに対する期待などについて考え，自分はどのようなメッセージに従って，生きてきたかについて明らかにしていく。そこで自らの脚本を発見し，それから解放させることを目的とする。

❸ 行動療法

1. 行動療法とは

　心理療法の多くの理論は，臨床家が自らの経験をとおして構築した人間観が基になって誕生している。ところが，1950年代になり，学習心理学の実験や

観察から得られた理論や法則を臨床に導入した，新しい治療理論と治療法が展開されるようになった。これが行動療法である。

行動療法では，良い行いをほめられるとその行動が身につきどんどん伸びていくのと同じように，恐怖症やチックなどのような不適切な行動も私たちがいつの間にか学習してしまったものと考え，学習心理学の諸理論を用いて不適切な行動の減少や除去，適切な行動の再学習をはかっていこうとする。行動療法ではさまざまな技法が用いられているが，その代表的なものをみていくことにしよう。

2. 行動療法の諸技法

(1) 系統的脱感作法

この方法は，ウォルピ（Wolpe, J., 1958）が恐怖症的反応の治療のために開発したもので，逆制止の原理と脱感作の原理を組み合わせたものである。水泳や陸上競技などさまざまなスポーツ競技で，選手がスタート前に深呼吸したり手足をブラブラさせているのに気づくことがある。これは，人は弛緩（リラックス）している一方で，不安で緊張している状態になることはできないので，レースという刺激によって生じた不安・緊張反応と合い入れない深呼吸などの弛緩反応を意図的に作りだし，レースに対する不安や緊張を抑制しようとしているのである（図9-3）。このような現象が逆制止といわれるものである。

脱感作というのは「敏感でなくなる」ということである。クライエントが深い弛緩状態にある時，不安を引き起こすような刺激を徐々に高めていくと，弛

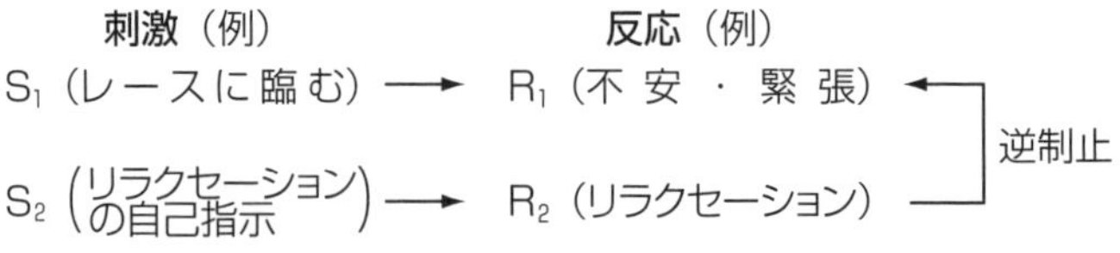

刺激（例）　　　　　　　　反応（例）
S_1（レースに臨む）　→　R_1（不　安　・　緊　張）　┐
　　　　　　　　　　　　　　　　　　　　　　　　　　├ 逆制止
S_2（リラクセーション　　→　R_2（リラクセーション）　┘
　　　の自己指示）

図9-3　逆制止のメカニズム（リラクセーションを用いる場合）
（内山，1988, p.13）

表9-1 試験恐怖を訴えるクライエントの不安階層表

場面番号	場　　面	SUD
1	家で問題を解いている	20
2	試験日に家の玄関を出る	40
3	試験日に大学の門を入る	60
4	試験日に教室に入る	80
5	教室で試験を受けている	100

緩反応が不安反応に転移され，やがて最終的な刺激場面に対する不安や恐怖反応が消去されていく。

実際の系統的脱感作法は次のような手続きで行われる。

① **不安階層表の作成**：クライエントの恐怖や不安の内容を明らかにし，不安を引き起こす刺激場面をそれぞれカードに記入する。次に1番強い不安を感じるカードを100として各カードの値を決定する。この値はSUD（subjective unit of disturbance：自覚的障害単位）とよばれ，相対的不安度を数値に表したものである。カードを不安の弱いものから強いものへ順に段階的に配列して不安階層表を作る（表9-1）。

② **不安制止反応の習得**：不安反応と対照的な機能をもつ弛緩反応（リラクセーション）や自律訓練法で得られる受動的注意集中を習得する。

③ **脱感作**：不安階層表の各場面を不安の弱いものから強いものへ順にイメージし，脱感作をはかり，イメージによって引き起こされる不安反応をリラクセーションやその他の方法によって制止する。

(2) **フラッディング法**

この方法は，フラッディング（flooding）という名からわかるように，はじめからクライエントを不安や恐怖の最も強い場面にできるだけ長い時間さらし，いやおうなしにこれらの不安や恐怖と対決させようとするもので，系統的脱感作法とは対照的な技法である。この方法は，レスポンデント条件づけの消去の理論を応用したものである。つまり，恐怖症というのは不安や恐怖を引き起こ

す対象や状況（条件刺激）に恐怖反応が条件づけられているので，不安反応を引き起こす無条件刺激がない状態で，クライエントをその対象や状況に反復してさらすことでこれを消滅させようとするものである。フラッディング法を用いる場合，恐怖にさらす手続きとして，イメージを用いる場合と実際の場面に直面させる方法とがある。たとえば，飛行機恐怖のクライエントを現実場面に臨ませる事例では，セラピストが付き添って実際に飛行機に乗せてみる。はじめ，クライエントは恐怖におののくが，数回のうちには飛行機に慣れて病的恐怖は消失してしまう。この際，セラピストが肩を支えたり，安全を確認させたり，大丈夫だということを保証することが重要となる。

(3) オペラント法

これは，スキナーのオペラント条件づけの原理を用いた治療法で，強化の用い方によっていくつかに分類することができる。

① **望ましくない行動を減少させる手続き（除外学習，タイムアウト）**：不適応行動を維持している正の強化子（注目，賞賛，食べ物，金銭など）を取り除くことによってその行動を消失させる方法である。たとえば，教室で奇声を発する生徒に注意をすることは，注目という正の強化子を与えることになるので，知らん顔をして無視し続け正の強化子を除外することで奇声を消失させる。

② **望ましい行動を増加させる手続き（正の強化法，トークンエコノミー）**：望ましい行動が見られた時に正の強化子を与えていく方法で，すぐに報酬を与えるのではなく，代用通貨であるトークン（シールやポイントなど）を与え，それによって行動を強化していくのがトークンエコノミーである。

③ **新しい適応行動を形成する手続き（シェーピング法）**：いきなり目標行動を練習させるのではなく，そこに至るまでの行動をスモールステップの形で設定し，順を追って学習させ，最終的に目標となる行動を形づくっていくものである。たとえば，不登校の生徒がまず，休日に学校に行けるようになり，次に保健室登校，その次に特定の授業に出席できるようになり，最終的に完全登校できるようになるといったプロセスである（図9-4）。

図9-4　シェーピング法（形成化法）模式図（例：不登校）
（内山，1988, p.84）

(4) モデリング

バンデューラの観察学習の理論に基づく方法で，試行錯誤によらず，モデルの行動を観察することによって，モデルと同じような行動を獲得させるものである。モデリングには次のような効果がある。

① **新しいスキルと行動の学習**：引っ込み思案の子どもに他の子どもたちが仲良く交わっている映画を見せると，より成熟した社会的行動が出現する。

② **観察者の制止反応を弱めたり強めたりする**：犬恐怖の子どもに他の子どもが犬と楽しそうに遊んでいるのを見せると，犬恐怖が低減する。

③ **観察者の反応の促進**：他の子どもが先生にあいさつするのを見ることによって，その子どものあいさつ行動が促進される。

3. 行動療法の特徴

行動療法は科学としての心理療法を目指していることから，治療対象は不安感や恐怖感などの心的状態ではなく，不安反応や恐怖反応などの具体的な行動になる。また，治療手続きも具体的で客観的な用語によって記述できるので，いつ，どのようなセラピストが行っても同じ結果を得ることができるようになっている。治療目標は明確で，客観的な指標を用いて治療効果を判定するので，治療の進展が目に見える。症状の消失により治療を終結することができるので治療期間は短期間となる。このように，行動療法は，単純で，便利で，経済的な治療法といえる。

第Ⅱ部 こころを支える

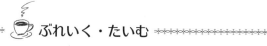

からだとこころのリラックス…自律訓練法

　1895年，ドイツの大脳生理学者フォークト（Vogt, O.）が催眠の研究過程で，中性的催眠状態が疲労，緊張，頭痛などを改善し，心身の健康増進のために有用であることを発見した。その後，1905年には，ドイツの精神科医シュルツ（Schultz, J. H.）が中性的催眠状態になると，安静感（気持ちのよい感じ）と四肢の重たい感じ・温かい感じが生じることを見いだし，このような感覚を自己暗示によって段階的に習得する技法を考えだした。これが，自律訓練法である。この方法は，自分で段階的に進めていくセルフコントロール法なので，頑張っていこうとする意欲や努力が重要となる。その効果としては，疲労の回復，過敏状態の鎮静化，自己統制力がつくことによる衝動的行動の減少，仕事や勉強の能率の向上，身体的な痛みや精神的な苦痛の緩和，内省力がつくことによる自己向上性の増加，自律神経機能の安定，自己決定力がつくなどが指摘されている。

　自律訓練法の中で基本となっているのは標準練習である。まず，あお向け姿勢，腰掛け姿勢，安楽椅子姿勢など，体全体の筋肉が弛緩しやすく，自然で安定した姿勢を作り，標準練習に入る。

　標準練習は，それぞれの練習効果を高める役割を果たす「気持ちが落ち着いている」という背景公式と次の6公式とから成り立っている。

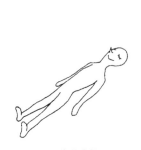
a　仰臥姿勢

b　安楽椅子姿勢

c　単純椅子姿勢

第1公式（四肢重感練習）：「両腕・両脚（あし）が重たい」

　これは四肢の筋肉のリラクセーションをはかり，血流量の増加や皮膚温の上昇といった生理的変化を得やすくする公式で，練習は利き腕からはじめる。利き腕が右の場合は次のような順序で練習を完成する。右腕→左腕→両腕→右脚→左脚→両脚→両腕両脚。

第2公式（四肢温感練習）：「両腕・両脚が温かい」

第3公式（心臓調整練習）：「心臓が静かに規則正しくうっている」
第4公式（呼吸調整練習）：「自然に呼吸（いき）をしている」
第5公式（腹部温感練習）：「お腹が温かい」
第6公式（額部冷涼感練習）：「額が心地よく涼しい」　　　　　　　（吉武光世）

❹ 認知行動療法

1．認知行動療法とは

　「認知行動療法（cognitive-behavior therapy）」は，それぞれ独自に生まれ，多くの実践研究者によって育まれていた「行動療法（behavior therapy）」と「認知療法（cognitive therapy）」の各理論・諸技法が融合された総称である。マイケンバウム（Meichenbaum, D. H.）が1977年に著作のタイトルにはじめて「認知・行動（cognitive-behavior）」の言葉を出現させたのが始まりといえよう。「学習理論」を基本的考えとする「行動療法」は，感情や認知も行動の一部であるという主張のもとに，カウンセリングにおける介入的パッケージ技法を極めて多く有している。また「認知療法」では，ベック（Becke, A. T.）やエリス（Ellis, A.）など，積極的に「行動療法」におけるパッケージ技法を活用して自らの理論適用のために具体化・有効化を図った。よって，「行動療法」と「認知療法」は必然的に接近し，折衷化・融合されていったのである。今日，「行動療法」と「認知療法」は深く結合し「認知・行動療法」と呼称されるに至った。

　「行動療法」には，問題の本質の改善，根本原因の解消というより，対症療法に過ぎない等の強い批判や，人間の悩みや葛藤・感情を扱わないことにより一時的な症状の減退は見られても代理症や再発が多いという問題の指摘もあったが，「認知・行動療法」へ融合され個人の感情や認知を重視するようになったために，その欠点は大いに改善されていった。

　今日，あえて「行動療法」，「認知療法」と区別するときは，系統的脱感作のような個別の技法を意味する「行動療法」であったり，コアビリーフやスキー

マ，自動思考などのような「認知療法」の狭義の理論・技法を意味することが多い。さらに近年，「マインドフルネス」，「ACT（アクセプタンス・コミットメント・セラピー）」他などの第三世代とよばれる認知・行動療法が展開され，理論・技法ともにさらなる発展と変容を続けている。

認知・行動療法の理論・技法は，人それぞれが感じること・ものの見方・とらえ方などを意味する「認知」が，環境・状況・他者と，自分の行動・感情・身体反応と相互作用することによって，不適応状態に陥ったり，適応したりすると考える。

「行動」と「認知」，そして「環境」の働きかけやすいところから介入を行い，適応を促進させる。そして，カウンセリング過程において確実な効果が得られたことの実証に基づく，客観的根拠のある，すなわち「エビデンス・ベースト・カウンセリング」を目指している。

2. 認知行動療法の枠組み

行動療法が行動変容を中心的に扱うのに対し，認知行動療法は考えや物事の受けとめ方（認知）にも注目し，それが行動へ及ぼす影響を扱っていく。

条件づけの理論は，環境の影響を重視しているが，心理状態を理解するためには，環境を個人がどのように理解しているかという認知も重要となる。このような認知の変容を図ることを新たに加え，行動療法の不十分な面を補い，クライエントの認知構造に介入していく。

認知・行動療法は，単一の理論・技法ではなく，さまざまな認知と行動を扱う理論・技法の総称である。

① **パーソナリティ観**：行動を導く重要な要素は「認知」。環境をどのように見るかという「認知」によって行動・感情・身体などが影響される。適応の問題は，個人特有な認知活動の媒介によって学習された結果か，または必要な学習の欠落の結果である。

② **認知行動療法の目指すゴール**：認知・行動療法の目指すゴールは，認知の

歪み修正や消去，未習得スキルは新たな認知学習で習得し，行動・感情・身体を適応的にしていく。最終的には，クライエントの自己効力感を向上させ，自己コントロールできるようにすることがゴールである。

③ **カウンセリング過程**：認知・行動療法におけるカウンセリングの流れは，まずクライエントに形成されている事態を，認知・行動理論の視点から分析する。クライエントの信念や価値観などの認知反応スタイルに注目，否定的思考を発見し，修正していく。その過程では，筆記法，モデリング，ソーシャルスキル訓練，自己コントロール，コラム法，認知再構成法，問題解決法，行動実験，など多くのパーケージ技法を用いる。

次に，アセスメントに基づきカウンセリング面接のプログラムを立案する。カウンセラーはクライエントと協同作業の過程で，課題を提示し，経験実施および宿題（ホームワーク）を，深化させていく。

その際，アセスメント，ゴールセッティング，プログラム，ホームワーク，強化，消去，般化などのカウンセリング過程の中で，クライエントの状態に応じてプログラムを柔軟に変えていくことも少なくない。そのために，認知・行動療法の実施に至るまでには，当然であるが専門的なカウンセラーとしてのトレーニングが求められる。その際，クライエントとの協同作業を常に心がけ，ソクラテス的対話法など独特な面接技法が考案されている。

3．代表的療法

(1) 論理療法 (rational emotive behavior therapy)

論理療法は，1955年頃，エリス（Ellis, A.）から始まる。当時，エリスは，心理臨床活動を精神分析療法に基づいて行っていた。しかし，問題解釈や分析が成立しても問題解決技法が乏しいことに大きな失望を抱くようになった。その後，行動療法の多種多様な技法や理論的枠組みを取り入れ，統合し，論理療法の基本を生み出した。

a. 信念（belief）の修正

人は，さまざまな信念を有している。その信念が感情・思考・行動を規定する。信念は，適応的行動に関係する合理的信念（rational belief）と，不適応的な非合理的信念（irrational belief）に分けられる。

たとえば，「…であるべきだ」とか「…すべきだ」という非合理的信念に取付かれている場合，その人が本来もっている自由で伸び伸びとした行動が発揮できない。そこで「…であるにこしたことはない」とか「…するにこしたことはない」という合理的信念へ修正していく。些細な失敗を苦にして，「自分には能力がない」と自分に言い聞かせている場合，失敗した事実よりも，その人が非合理的信念によって支配されていると考える。そこで，非合理的信念を捨て，「今回，失敗したが，次回はやり方を変えてみよう。自分の能力にあった方法で…」と合理的信念へ修正していく。

```
A ある出来事    →   B 不合理な信念   →   C 結果
activating events    irrational belief      consequences
                    ↑↓
                 D 反論   →   E 合理的な考え方による効果
                 disputing          effects
```

図 9-5　ABCD 理論

b. 論理療法における ABCD 理論

分析は，ABCD 理論によって行われる。何か不幸な結果 C が生じると，それはある出来事 A のせいだと考えてしまう。しかし，A をその人がどうとらえたか B 信念（ビリーフ）が問題である。論理療法では B の不合理性を指摘し D 反論により，合理的な考え方 E に導く。

カウンセラーは，積極的にクライエントの非合理的信念を扱い，論駁していく。さらにクライエントと十分なリレーションを取り，協同作業を常に心がける。

(2) 認知療法 (cognitive therapy)

認知療法は，ベック (Beck, A. T.) によって創始された。精神分析を学んだベックは，うつ病の研究を実施していたが，自らの仮説を確認することができず，1961年までに精神分析と決別した。その後，研究の過程で，うつ病患者には特有な認知様式，すなわち悲観的な考え方（否定的な認知・偏った意味づけ）があることに着目するようになった。

うつ病患者の認知様式の例をベックはあげている。

i 「自分はつまらない人間である」など，自己否定的な見方。
ii 「自分一人だけが孤立している」など，環境に対する否定的な見方。
iii 「将来も駄目に違いない」など，将来に対する否定的な見方。

1963年に，ベックは，カウンセリングにおいて，このような「認知の歪み」を修正し適応的な認知をもたらすことにより，関連する感情・行動・身体の変容をすすめていく新たな治療的アプローチである認知療法を考案し発表した。

①認知の歪みの修正

認知療法は，クライエントの日常生活を点検しながら，不適応状態を生んでいる考え方の特徴，偏り，「認知の歪み」を発見していく。その際，不快な感情を生じる直前の思考「自動思考」に焦点をあて，検証し，修正していく。以下の作業を，毎日記録（コラム法・筆記法）を取りながら，適応的認知へと導いていく。

i どんな状況で。
ii どんな感情が起こり。
iii そのとき，どのように考えたのか（自動思考）を，記録（筆記法）させる。その自動思考の中に，どのような否定的部分（認知の歪み）が含まれているかを知る。
iv 認知の歪みをより合理的な考え方に変える。

第Ⅱ部　こころを支える

　　v　合理的思考へ変えた時，感情がどの程度緩和されるかを調べる。

次に，代表的な「認知の歪み」をここにあげる。

　　i　分極化思考…白か黒か，良か悪かと両極端な思考
　　ii　拡大解釈や過小評価…失敗を拡大解釈，成功を過小評価（軽微な失敗を，大失敗であると考える）
　　iii　過度の一般化…部分を，すべての事柄にあてはめる。（一度の失敗で自分が無能であると思い込む）
　　iv　自己関連づけ…微少情報で自分に関連づける（目を見て話してくれなかったから，あの人は自分のことが嫌いだと決めつける。）
　　v　恣意的推論…証拠がないにもかかわらず，悲観的な結論を出す。
　　vi　選択的抽出…文脈の一部分にとらわれ，全体を見失う。（良い面と悪い面のうち，悪い面だけを取り上げて思考）

4. カウンセリング過程

(1) 心理教育
認知療法の導入時，心理教育を行う。クライエントに認知療法の概要や，認知が身体・感情・行動に影響を与えていることを理解させる。

(2) モチベーション
同時に，クライエントのカウンセリングに対するモチベーションを高め，受け身にならずに積極的な参加を促進させる。協同関係を築き，クライエントが自己効力感を高め自己コントロールのゴールへ進むためである。カウンセラーへ過度な依存を予防する意味がある。

(3) 自動思考

次に，クライエントの自動思考を発見し，記録し，自動思考の妥当性の検証，認知の歪みを修正する協同作業をする。認知の歪みの発見・修正していくための質問（ソクラテス的対話）を学ぶ。以下にその例を挙げる。

ⅰ 認知の同定（自動思考の発見）
「その時，心の中にはどのような思いや考え（自動思考）がありましたか？」
ⅱ 自動思考の検証
「そのように考える根拠はなんでしょうか？」
「そのような考えが，間違っていることを示す反証はありますか？」
ⅲ 「認知の歪み」の論駁と修正
「他の考え方や見方はないでしょうか？」

(4) ホームワーク

また，日常生活の中でホームワークに取り組む。ホームワークは非機能的思考記録（コラム法）や行動実験などさまざまな技法がある。カウンセリング面接（セッションごと）の中でホームワークを振り返り，シェアリングを行い，検証を深化させていく。

カウンセラーとクライエントの信頼関係の構築，共感的態度，積極的傾聴などの基本姿勢は最重要である。さらにセッションではアジェンダを設定し，メタコミュニケーションも行う。

認知療法は，多くのパッケージ技法を用いる。このように，クライエントの問題をアセスメントした後，ゴールセッティング，認知再構成法，問題解決法，行動実験など用いて自己効力感を高め，認知の変容の結果，自己コントロール可能性が高まったところで終結となる。

❺ 来談者中心療法

1. 来談者中心療法とは

　来談者中心療法の考え方は，アメリカのロジャーズ（Rogers, C. R.）が1942年に出版した『カウンセリングと心理療法』という本の中で明らかにされた。クライエントの主体的に成長しようとする力を尊重するカウンセラーの態度に焦点を当てて理論を展開したという点で，それまでの伝統的な，カウンセラーがクライエントに指示ないし示唆を与えて問題の解決を目的に置く方法とは異なる。当初，非指示的アプローチとして展開した理論が，周囲からはそれが単に聴くことだけでそれ以上のことはしないという誤解や批判を招いたため，ロジャーズは自らの理論をさらに展開し，1951年，「来談者中心療法」を完成させた。その他この理論には，過去のことよりも〈今，ここ〉で湧き起こる個人の情動に焦点を当てることや，カウンセリングの経験そのものを変化としてとらえようとする特徴がある。

2. 来談者中心療法の理論

　ロジャーズによれば，建設的なパーソナリティ変容が起こるためには次のような条件が存在し，それがかなりの期間継続することが必要になる。
① 2人の人間が心理的な接触をもっていること。
② 第1の人（この人をクライエントとよぶ）は，不一致の状態にあり，傷つきやすい，あるいは不安の状態にあること。
③ 第2の人（この人をカウンセラー（セラピスト）とよぶ）は，この関係の中で，一致しており，全体的に統合していること。
④ カウンセラー（セラピスト）は，クライエントに対して無条件の肯定的関心をもっていることを経験していること。
⑤ カウンセラー（セラピスト）は，クライエントの内的枠組みについて共感

的理解を経験しており，この経験をクライエントに伝達するように努めていること．
⑥ カウンセラー（セラピスト）の共感的理解と無条件の肯定的関心をクライエントに伝達するということが最低限達成されていること．

　ロジャーズは，パーソナリティを「自己概念」と「経験」とで説明している（図9-6）．「自己概念」とは，自分は勇気のある人だ，自分は秀才だ，というようにクライエントが自分自身についてもつ認知（自己像）のことで，「経験」とは，クライエントの実際の経験を指す．私たちは，発達するにしたがって親や先生をはじめ，周りの人たちの価値観や評価などを取り入れてその人なりの自己概念を形成していく．この自己概念によって，さまざまな経験に自分なりの秩序を与えることができ，周囲に対しても一貫した態度をとることができる．しかし，経験が歪んで知覚され，自己概念と一致する部分（領域Ⅰ）が小さい場合，緊張と内的混乱が生じ不安な状態に陥りやすい（図9-6(A)）．
　ロジャーズはこれを変化の過程ととらえ，人間の基本的な本性は，それが自由に働いているときには建設的で信頼できるものであるという考えのもとに，領域Ⅰが大きい状態を十分に機能する人間として，心理療法がうまくいった状態を想定した（図9-6(B)）．

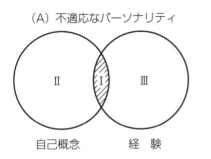
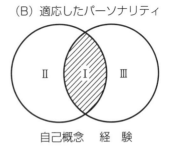

図9-6　自己概念と適応（Rogers, 1951）
（内山ら，1984，p.77）

また，ロジャーズはカウンセラーの自己一致，無条件の肯定的関心（受容），共感的理解を，カウンセラー（セラピスト）の主要な3条件としてまとめている。

　自己一致とは，カウンセリング場面でカウンセラーが抱くさまざまな感情（たとえばこのクライエントが恐ろしいとか，他の事に気をとられていて，クライエントの話を落ちついてきけないことなど）に気づき，意識していること。そうあるべきでないと考えて自分で否定してしまうことは，自分自身をもクライエントをも欺くことになり，自己一致から最も遠い状態となる。無条件の肯定的関心（受容）とは，クライエントの感情・態度・考えなどがどんなに否定的なものであっても，すべての側面を，そのように感じているクライエントのありようとして暖かく受容していくことを意味する。共感的理解とは，クライエントの私的な世界をあたかも自分自身のものであるかのように感じとることである。これは同感・同情ではなく，クライエントの世界をあたかも自分のことのように感じながらも，混同したり，巻き込まれたりせずに，そういう世界にいるクライエントのありようを理解することである。

3．カウンセリングの技法

　カウンセリング関係は，クライエントが自分の新しい方向性を目指して積極的に歩み出すことができる程度にまで，自分というものについての理解を達成できるようにする，明確に構成された許容的な関係である。そのためカウンセラーはクライエントの話の内容だけを聴くのではなく，あたたかみをもった共感的な態度で関わり，相手の感情に注意を向け応答する技術が必要である。具体的な技法としては以下のようなものがあるが，単に応答技術として技法を用いても繊細で感受性が鋭いクライエントには有効には機能しない。可能な限りカウンセラーの3条件「一致，受容，共感」がともなうことによって技法が有効となり得る。

① **受容**：クライエントがどのような感情や態度を表現しようとも，「ええ」「う

んうん」「なるほど」「はい」などと言いながら聴くこと。これは相手が自己表現をしやすい雰囲気を作る。また，クライエントの側からすれば自分が十分に聞いてもらえているのか，事務的に聞き流されているのかを感じ取る重要な応答となるため，カウンセラーは自分が発する言葉だけでなく，自らの非言語的な側面（表情，態度，動作など）にも配慮して応答する必要がある。

② 繰り返し：クライエントの発言した内容や問題について，そのポイントを相手の言葉を使って繰り返し伝え返すこと。

③ 感情の反射：クライエントが表明した感情を，カウンセラーがとらえて相手に返すこと。

④ 明確化：はっきりと意識してはいないが，薄々感じている様子で漠然と話をするクライエントに対して，その内容や感情を汲み取ってわかりやすい言葉で伝えること。

⑤ 非支持的リード：「それについてもう少し詳しく話してくれませんか」，「その後，いかがでしょうか」など，クライエントがそれによって話しやすくなるように発言すること。

⑥ フィードバック：クライエントの行動についてカウンセラーがどう見ているかを伝えること。

⑦ 質問："〜してくれませんか""何を""どんなふうに"で始まる質問（開かれた質問）は，クライエントが話すことを励まし，クライエントが知っていることを共有し，問題に対する理解を深めるのに役立つ。「はい」「いいえ」など，一語または数語で答えられる質問（閉ざされた質問）は，具体的な情報やデータなど，特定の情報を得たり，話しの焦点を明確にするのに役立つ。

⑧ 自己開示：カウンセラーが自分の感情や考えを適切にクライエントに伝えること。

⑥ エンカウンター・グループ

1. エンカウンター・グループとは

　エンカウンター・グループは，グループで他人と話しをすることにより，自己理解・他者理解・自己と他者との深くて親密な出会いを体験し，自分がより自分らしく生きることができるようになること，すなわち個人の心理的成長を目的に行うものである。

　エンカウンター・グループという用語は，①人間性回復運動，②集中的グループ体験，③ベーシック・エンカウンター・グループの3つの意味があるが，日本では，③の意味で用いられることが多い。1946年頃から，ロジャーズは，復員軍人に対するカウンセラーを養成する際，集中的グループ経験が有効であることに気づき，ワークショップで用いるようになった。その後1960年代になって，人間性回復運動の中で，人間の心理的成長と対人関係におけるコミュニケーションの改善に焦点を当てたグループ体験を「ベーシック・エンカウンター・グループ」とよぶようになった。ロジャーズはエンカウンター・グループの経験を積み重ねていく中で，参加者の体験が個人の自己理解や行動や人間関係に変化を引き起こすばかりではなく，それを通じて組織の方針や構造などにも変化の契機を提供することを見いだし，1970年代には一人ひとりの人間が尊重されるコミュニティーの新しいあり方を模索し始めた。そして「参加者が自分たちで作り上げること」以外に何の条件も設定しない100人以上の大規模なグループを企画し，PCA（パーソン・センタード・アプローチ）を提唱した。

2. エンカウンター・グループの具体的方法

　エンカウンター・グループの日程の設定はさまざまである。通いで行う場合もあるが，一般的に2〜5日間民宿などに宿泊する形式で行われることが多い。それは，参加者一人ひとりが，枠にとらわれずより自由に自分らしく振舞える

ように，日常生活から離脱し，できるだけ規制がない物理的環境を設定するためである。1回のセッションは1.5～3時間で，10セッション前後行う。

　各グループは，10名前後の自発的意思で参加したメンバーで構成されることが適当とされている。グループの構成は，性別・年齢・職業・メンバー間の関係性等を考慮し，できるだけ関係密度の少ない形で，あらかじめ割り振られる場合が多い。

　グループには1～2名のファシリテーターとよばれるスタッフが入る。その役割はグループを課題達成に導くリーダーとは異なる。ファシリテーターは，①メンバーの心理的安全が守られること，②メンバー各人が率直に自分を表現できるようになること，③〈今，ここ〉でやりたいこと，できることをメンバーが相互に話せることなどに配慮し，グループ進行の促進者としての役割を担う。したがって，ファシリテーターには，グループの中で，①個人の状態を把握しようとする視点，②グループの状況を把握しようとする視点，③グループ全体の進行状況を把握しようとする3つの視点が要求される。

3．エンカウンター・グループのプロセス

　グループが始まる最初のセッションでは，ファシリテーターは主に日程等の時間的枠組み，ファシリテーターの役割り，テーマの設定はせずここに集まったメンバーで自由に話し合うことを伝え，グループを開始する。

　野島一彦は村山・野島（1977）のエンカウンター・グループプロセスの発展段階（6つの段階と終結の段階）を基にして，よりわかりやすいように3つの発展段階にまとめ直し（表9-2），特徴を述べている。導入段階は混沌とした状態で，メンバーにとってもファシリテーターにとっても居心地が悪く，試行錯誤しながらウォーミングアップが行われる。展開段階はグループとしてのまとまりができ，安全感・信頼感が高まり，一人ひとりに焦点があてられ，率直な自己表明や関わりあいが起こり，盛り上がった状態になる。終結段階は，それまでの展開の度合いにより満足・不満足に分かれ，どのように過ごすか導入段階

表9-2 グループ・プロセス発展段階

時期	村山・野島（1977）の発展段階仮説
導入段階	段階Ⅰ：当惑・模索 　　　　ファシリテーターによる場面構成の後のとまどい，当惑，困惑，不安など。 段階Ⅱ：グループの目的・同一性の模索 　　　　場つなぎ的に次から次へと話題を追うなど。 段階Ⅲ：否定的感情の表明 　　　　グループの中の目立つ人，ファシリテーター，グループの性質について不満，攻撃，不信などの否定的感情が爆発するなど。
展開段階	段階Ⅳ：相互理解の発展 　　　　まとまりができ，信頼感，親密感，他者への関心・配慮が高まるなど。 段階Ⅴ：親密度の確立 　　　　重要な自己の内面は語られないが，冗談と笑いがどんどん出て親密感が深まるなど。 段階Ⅵ：深い相互関係と自己直面 　　　　here and now に基づいた率直な自己表明，正直な他者への応答，フィードバック，対決，いろいろな試みや挑戦が行われるなど。 段階Ⅵ以降
終結段階	終結段階 ⓐ段階Ⅵ以上に展開したグループ 　　　　それなりの満足感があり，心地よい雰囲気の中で終わりを迎える。 ⓑ段階Ⅵまで展開しなかったグループ 　　　　不満足感が強く，なんとかそれなりのおさまりをつける努力が行われる。

（野島，2000，p.11 と村山，1993，p.28 を参考に作成）

に次いで難しい。

森田療法

1. 森田療法とは

　森田正馬（まさたけ）（1874～1938）が創始し，彼自身は神経質に対する特殊療法とよんだいわゆる森田療法が確立されたのは，1920年ごろだといわれている。そも

そも森田療法は，日本人の心理や思想を深めることで作られた日本独自の心理療法といわれるが，西欧の影響を排除したというよりは医学や心理療法や思想と対決し，それらを取り入れる作業を通して心理療法として統合していったといえるものである。森田療法成立とほぼ同じころ，アメリカから精神分析学が日本に導入されたが，ドイツのクレペリン学派の影響を受け，東洋思想を取り入れた森田学説とは，さまざまな点で対立していった。森田療法と精神分析との一番の違いは，不安障害者が抱える不安や葛藤を分析し，その原因を除去しようとする精神分析の考え方に対して，森田療法では，不安・葛藤を作り出す心理的メカニズム自体は異常なものではなく人間に本来付随している心理状態であるから，それを除去する必要はないと考える点にある。

　不安障害者は，理想が高く，完全欲が強いために，常に「かくあるべし」という理想志向をしてしまう。そのため「かくある」という現実志向性と常に衝突し，現実と離反してしまう。このような人間の欲望には常に相反する志向性（二面性）が内包されていることを森田は，肯定することから出発する。その結果，人間の内面に存在する一方の欲望を切り捨てて，他方の欲望だけを認めるわけにはいかないために，両方の欲望を認めていく森田療法の治療的中核である「あるがまま」という理念が生まれたのである。「あるがまま」とは，事実をそのままの姿で認めることである。したがって，「あるがまま」とは，自分の欲求のままに行動するということではなく，自己否定的な欲求を「あるがまま」にしておき，もう一方の自己実現欲求に従い，それを実践していくことに人間の進歩があるとする考え方である。

2．森田療法における不安障害のメカニズム

　森田の不安障害観の特色は，不安障害を神経質とヒステリー（転換性障害）に大別し，その根本原因は先天的な素質にあると考えたところにある。その神経質素質を説明するにあたって，「ヒポコンドリー性基調」という，ギリシャ語で「ヒポ」は，「…の下」，「コンドル」は胸のあたりの肋骨を指す言葉に独

自の意味を付した言葉を創った。すなわち,「ヒポコンドリー性基調」とは,悩みなどをもったときに胸が圧迫されて苦しくなる状態を意味して,自分の不快気分,病気,死ということに関して,気にやみ,取り越し苦労する心情で,不安症形成には必要欠くべからざる要因となる性格傾向をいう。

このように神経質素質は,自己内省的・理知的・ヒポコンドリー的であるの

表9-3 森田神経質診断基準案

Ⅰ．症状上の臨床的特徴
　森田神経質の症状レベルとしてA,Bの基準を満たすと共に,Cの5つの基準のうち,3項目を満たすこと
　A．症状に対して異和感を持ち,苦悩,苦痛,病感を伴う（自我異質性）
　B．自己の今の状態をもって環境に適応し得ないという不安がある（適応不安）
　C．症状内容の特徴,症状への認知,関わり合いかたなどの項目のうち,3項目以上を満たすこと
　　1．いつも症状が起こるのではないかという持続的不安を持つ（予期不安）
　　2．症状の焦点が明らかである（防衛単純化）
　　3．自分の症状は特別,特殊であると考える（自己の悩みの特別視）
　　4．症状を取り除きたいという強い意欲を持つ（症状克己の姿勢）
　　5．症状の内容が,通常の生活感情から連続的で,了解可能である（了解可能性）

Ⅱ．症状形成（とらわれ）の機制
　ここではA,Bの両者の基準を満たすことが必要である
　A．精神交互作用が認められること：注意と感覚の相互賦活による感覚（あるいは症状）の鮮明化と注意の固着,狭窄という悪循環過程の把握
　B．思想の矛盾が認められること：1,2の基準を満たすことが必要である
　　1．症状除去の姿勢：この症状さえなかったら,自分は望むことができると考えること,あるいは不安,恐怖のまったくない状態を望んでいる
　　2．「こうありたい自分」と「患者自身が考えている現在のこうある自分」とのギャップに対する葛藤

Ⅲ．性格特徴
　A：内向性,弱力性の5項目,B：強迫性,強力性の5項目のうち,それぞれ1項目以上の基準を満たすことが必要である
　A．内向性,弱力性
　　1．内向性　2．心配性　3．対人的傷つきやすさ,過敏性　4．心気性　5．受動的
　B．強迫性,強力性
　　1．完全欲求　2．優越欲求　3．自尊欲求　4．健康欲求　5．支配欲求

(「森田神経質の診断基準委員会」作成・一部省略；中村,2000,p.39)

に対し，ヒステリー素質は，感情過敏的・外向的・自己中心的で，ある機会から病的状態が生じると，神経質素質の人は神経質となり，ヒステリー素質の人はヒステリー(転換性障害)になるとした。しかし，素質は先天的ではあるが，固定的ではなく環境によって変化しうるものであるとした。

たとえば，大勢の人の前であがらずに話そうとすればするほど，緊張していくように，ヒポコンドリー性基調をもつ人が，心身の不快な現象に対して，それを取り除こうとすればするほど，自己の注意が集中すると感覚がますます鋭敏になって，注意がそこに固着する。このような感覚と注意が交互に作用しあうことを精神相互作用とよび，症状を発展固定させると森田神経質という病的状態が成立すると考えた。この森田神経質に該当するか否かが森田療法が適するかどうかの重要な目安となる。

「森田神経質」の診断基準を示す (表9-3)。

3．神経質の治し方：入院療法の実際

森田療法は，臥褥療法・作業療法・体験療法・家庭的療法などともよばれるが，基本的には行動中心の技法をもっている。症状を，事実唯真あるいは「あるがまま」に受け入れ，やるべきことを頭で理解するのではなく目的本位・行動本位に行っていく。森田療法の原法では，治療者は患者と一緒に生活をともにして，医師は父親，看護婦は母親，その患者は兄弟と考え，温かい人間関係を前提として行っていく。まずは入院療法について簡単に概説してみよう。

第1期：4日～1週間，日常的な外界とは離れて臥褥療法（静かに寝ていること）が行われる。当初，不安・葛藤に苦しむが2, 3日を経て心身が安静の状態になり，無為の状態に置かれても何も起こらないということが確認でき安心できることを体験する。その後，「生の欲望」から早く起き上がり日常生活に復したいという欲求が出現する。これは不安・葛藤にとらわれ，抑えられていた「生の欲望」を解放するための期間ともいえる。

第2期：3日から1週間程度。臥褥期を通じて盛り上がった「生の欲望」を

抑えてやや欲求不満の状態にしながら，昼間は必ず戸外に出て，日光と空気にふれ，夜は日記を書かせる。また，古事記，万葉集などを音読させ，朝には精神の自発活動を復活させ，夜は精神の統一を図る。

第3期：畑作業，まき割り，大工仕事などやや重い作業をさせる。作業として読書を加え，享楽的なものや思想的なものを排し，歴史・地理，伝記，科学書などを選ばせる。1週間前後。

第4期：1〜2週間の生活訓練。「生の欲望」を生かす態度を現実社会に振り向けていく期間。具体的には病院から学校や会社に通い，不安があるから行けないというのではなく，不安をそのまま受け止め，「生の欲望」を大事にしていく態度を維持するよう仕向けていく。

❽ 箱庭療法

1．箱庭療法とは

河合隼雄が，1965年にユング分析家の資格を取って日本に帰国した後，日本で自分の学んできたことを伝えるのに受け入れやすい方法として選んだのが，箱庭療法であった。もともと箱庭療法は，小児科医のマルグリット・ローエンフェルト（Lowenfeld, M.）が，子どもが遊びの中に自分たちの心の内容を表現することに気づき，さまざまな玩具や模型などを箱の中に保存しておき，それを与えて子どもが作る作品を治療に役立て，それを世界技法とよんでいたことに始まる。その後，スイスのカルフ女史（Kalff, D. M.）が，ユング心理学を導入して新しい解釈をくだし，心理療法のひとつとして現在のように用いられる形に確立した。彼女は解釈よりも砂で遊ばせることに重点を置いたこともあって，砂遊び（サンドシュピール，Sandspiel）と命名していた。河合は，カルフ女史と知り合い，日本の箱庭の伝統や日本人の言語によらない表現能力の豊かさから，日本人に適した心理療法と考え，「箱庭療法」と名づけた。

2. 用具

　寸法の決まった箱（57×72×7cm）を用いる。この箱の内側はペンキで青くぬってあり，砂を掘ったときに水が出てくるような感じに作られている。普通の大人が立って腰の高さにある箱を見下ろしたとき，全体を一目で見渡せるくらいの大きさで，まとまりがつきやすい大きさとなっている。また，大きさを一定にすることで，国際的にも比較が便利になっている。ミニチュアは，砂箱に置いて視覚的なイメージを表現する道具となるものなので，多くの表現が可能なようにさまざまなものが用意される。人，動物，植物，建物，家具，乗り物，橋，怪獣，タイル，ビーズなどがある。

3. 箱庭療法の特徴

　① **立体性**：イメージを用いた心理療法には，絵画療法やコラージュ療法などさまざまなものがあるが，箱庭の特徴は３次元であるというところにある。平面ではなくて，おもちゃなどの実物を使って，人形や動物などの動きを感じることができることで，より実感のある体験ができる。
　② **触覚性**：砂に触ることで多くの人は，治療的退行状態が触発される。リラックスして，自己の内面にあるイメージがよび覚まされる。それを一定の大きさの限定された箱庭の中に表現することで，客観的に自分の気持ちを整理して，見直すことが可能となる。
　③ **非言語性**：言語を用いないコミュニケーションが成立することで言語成立以前の人間関係が体験される。また，意識に上らない言葉にできないものを表すこともできる。
　④ **視覚性**：クライエントの世界を箱庭に直接的，具体的，集約的に示されたものを視覚で見ることが可能である。
　⑤ **ドラマ性**：箱庭に表現される場面は静的なものではなく，クライエントのイメージの世界で動く。そのため，始めは，何を表現しているのか不明でも，

箱庭を作り続けると，ドラマが流れ主題が焦点化されていくことが多い。

4. 理論的背景

① **自己治癒力を活性化する**：人は誰でもより良く生きたい。自分を成長させたい，自己実現したいという欲求をもっている。したがって何か問題にぶつかると，私たちはそれを何とか治したいという自己治癒力が働く。それがうまく働かない状態というのは，クライエント自身やそれを取り巻く環境などがその自己実現の傾向に抵抗しているのである。そこで自己実現傾向を促進させるための治療者の援助が必要となる。治療者は，クライエントが箱庭に何を表したいのかを推察して，箱庭の作品に表れた情景の背景にあるクライエントの気持ちに共感し，問題解決のためのクライエントの自己治癒力を活性化させ，治癒を導き出すのである。

② **場の提供**：カルフは，母親と子どもが一体であるような関係が，治療者とクライエント間に成立すれば，クライエントの自己治癒力が発揮されると考えた。つまりそのような関係を土台として，箱庭療法におけるクライエントの表現がなされるのである。自己治癒力が発揮されていくと，それまであった問題を解決するために，何かを破壊しなければ解決にならないときもある。そのままそのような力を表出すれば危険なこともあり，適切にそれを表出してよいと感じられる「場」が必要となる。その適切な「場」が治療場面となるのである。それをカルフは「自由にして，保護された空間」とよんでいる。

③ **空間配置の象徴性**：ミニチュアの空間配置が象徴的にクライエントの心の理解を促進する場合がある。空間象徴の考え方によれば，箱の左側は，内的・無意識的・過去の世界を，右側は外的・意識的・現実的世界を意味している。また，箱の4つの隅は，左上隅が論理的，宗教的，父性的，思考の場所，左下隅が根源的で衝動的な本能，直観の場所，右上隅が社会的，機能的，感覚の場所，右下隅が母性的，家庭的，感情の場所を意味していると考えられている。

④ **イメージの意味**：箱庭に表現される視覚的な作品をイメージとよぶが，無

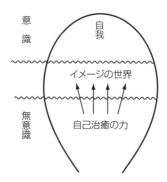

図9-7 イメージの世界の模式図
（河合，1994，p.249。タイトルは筆者）

意識的な心の動きを意識が把握したものといえる。自我は明確に何かを把握すれば言語化できるが、それ以前の状態では、視覚像として認識する。これを自己治癒力として考えてみると、無意識から働きかけてくる自己治癒力を自我が把握するとき、それがイメージになると考えられる（図9-7）。カルフは、「自己」に自己治癒力を働かせるこころの中心があると考え、箱庭にその自己を表現するような作品が生じることを重視した。自己の象徴として曼荼羅図形がある。そのような「自己」の表現がなされた後に、動物的・植物的段階、闘争の段階、集団への適応の段階が生じると考えた。

⑤ **解釈の問題**：河合は、治療者とクライエントの関係を重視して、解釈や理論化をひとまず置くことをして箱庭を日本に導入した。それは、知的な解釈や診断的視点が、治療関係に悪影響を与えたり、作品の自然な流れを止めないようにするためであった。重要なことは、心理治療全体の中の一環として作られた箱庭の流れを理解することであると河合は考えたからである。その中で、①まとまり、豊かさ、繊細さ、つりあい、流動性、生命力といった全体の印象（統合性）、②ミニチュアの空間配置、③主題に注意を払うこと、を強調している。

❾ 芸術療法

1. 芸術療法とは

「芸術療法」という言葉は，1951年にイギリスのヒル（Hill, A.）が，結核患者などへの生活療法の一環として絵画を用いたことに始まる。その後，心理療法として芸術療法が確立していくのは，アメリカのナウンバーグ（Naumburg, M.）のなぐり描き法を用いた「力動的絵画療法」やスイスのカルフ女史（Kalff, D. M.）による「砂遊び療法」やスクウィグル法を用いて，子どもの治療法を行ったイギリスのウィニコット（Winnicot, D. W.）らの手による。

芸術が人の心に癒しを与えるものであることは確かであるが，芸術療法は，芸術を単に心理療法に適応したものではない。芸術療法の基本原理は，人が子どものときから自然に行う「おえかき」「砂場遊び」「ごっこ遊び」「詩作」などの成長の手だてとなった表現活動の中にある。つまり，芸術療法とは，こころの内奥にあるものを，何らかの形で表現したいという人間が生来からもつ欲望を基礎にした心理療法をいうのである。

欧米では，それぞれの表現方法，たとえば，絵画，音楽，箱庭，陶芸や粘土を用いる造形，詩歌，心理劇，舞踏，写真など，それぞれが数多くの技法別に独立した療法となっている。しかし，わが国では芸術療法を英語で arts therapy と表記して包括的呼び方をしているところに特徴がある。

また，芸術療法の特徴は，非言語的な性質にあり，言語化以前の思いや感情的要素をイメージ表現で代行したり，補足されたさまざまな表現活動を通して行う心理療法である。また，言語的なコミュニケーションができないクライエントとも芸術療法を通じて非言語的なコミュニケーションを行うことも可能である。いずれにしても，芸術療法で扱われるイメージというものは，治療者が計画的・意図的に誘発するものではなく，クライエントの自発的で無意識的な投影を元に行われることを前提としている。

2. 芸術療法の諸技法

(1) 絵画療法

a. なぐり描き法

① **スクリブル（Scribble）法**：アメリカのナウンバーグが，心理療法の一技法として開発した技法である。鉛筆やサインペンなどで，画用紙になぐり描きをさせた後，「描いた線を手がかりに，何か見えてきたら自由に線を描いてごらん」といって，見えてきたものを完成してもらう方法。途中で絵が変わってもかまわず，できあがったところからクライエントと治療者の対話を始めていく。この方法は，クライエントと治療者の転移関係を基礎に，自由な絵画表現という技法によって無意識を解放し，自由連想を促進して，そこに投影された象徴を介して交流する過程であるという精神分析的な考え方に基づいている。

② **スクウィグル（Squiggle）法**：ウィニコットが開発した技法で，前述の方法をクライエントと治療者が交互に投影しながら行う。つまり，クライエントが描いたなぐり描きに治療者が投影し，治療者が描いた描線にクライエントが投影するのである。ウィニコットは色彩を用いなかったが，色彩を用いる方法もある。

b. バウムテスト（樹木画法）

スイスのコッホ（Koch, K.）が診断用のテストとして考案したもの。A4の紙と4Bの鉛筆を用いて，実のなる木を1本書いてもらう簡便なテストで，時間は原則として制限しない。基本的な生命感，コントロールの善し悪し，内面的な豊かさなどが示される。

c. HTP

アメリカのバック（Buck, J.）によって創案されたもの。原法では，家・木・人（男・女）を各1枚ずつ4枚書くものであるが，細木照敏らが多元的HTPとよんだ「枠付け法」や，1枚の紙を3つに仕切って，その1コマ毎に3つのアイテムを描くもの，また，1枚に同時に3つのアイテムを描くものもある。徳田良仁らは，描画させるにあたって，HTPを1枚の画用紙の中にまったく

自由に描きこむように指示を与え，その自由な表現の中に特徴を把握しようとした。このような統合的HTPなど，いろいろな改良が試みられている。

d. 風景構成法

中井久夫が開発した描画法のひとつである。1枚の画用紙にクライエントの前で枠取りをしてから，「今から私の言うものを次々に書き込んで，全体としてひとつの風景にしてください」というものである。順序は，川，山，田，道（以上大景群），家，木，人（以上中景群），花，動物，石（以上近景群）。あと何か足りないと思うものがあればそれを付加（adition）してもらい，彩色して完成させるものである。

中井は，統合失調症の患者に投影的方法である「なぐり描き法」と構成的方法である「風景構成法」を実施し対比を試みた。その結果，妄想型の患者は「なぐり描き法」によく適応するが，「風景構成法」では空間にゆがみが生じ，逆に破瓜型の患者では「風景構成法」では整合性が保たれるが，「なぐり描き法」にはうまく適応ができないことを発見し，前者をP型，後者をH型と命名した。すなわちP型とは，しばしば構成を無視したキメラ的（非整合的でつぎはぎ細工的）多空間の重なった，投影中心のもので，H型は，色彩距離効果のまったくない整合的な空間構成や近景を欠く遠景化現象などがみられるものをいう。

(2) 音楽療法

a. 音楽療法とは

音楽療法には，2つの定義がある。ひとつは，臨床音楽療法協会の定義で，「音楽療法とは，音楽の持つ生理的，心理的，社会的働きを，心身の障害の回復，機能の維持改善，生活の質の向上に向けて，意図的，計画的に活用して行われる治療技法である」とされるものである。この定義の特徴は，音楽療法を誰がするかを定めていない点で，医者でも，看護婦でも，もちろん音楽療法家でもよい。この「誰が音楽療法をするのか」を定めない定義は，専門の音楽療法家の仕事が確立していないわが国では，従来この定義が取られてきた。しか

し，音楽療法の先進国の定義は，「音楽療法士が，音楽の持っている心理的，生理的，社会的機能を用いて，対象者の行動（あるいは態度，構え）の変化を目的として行う，治療的，教育的活動である」として，音楽療法士の仕事を位置づけ，専門的な職業として確立させている。

b. 音楽療法における音楽作用

オランダの心理学者スマイスターズ（Smeijsters, H.）は，音楽療法の音楽作用を「魔術的」「数学的」「医学的」「心理学的」の4つのパラダイムに分類した。

「魔術的」パラダイム：音楽の超自然的力を強調し，悪魔や神々によって引き起こされた諸病が音楽によって癒されると考える。

「数学的」パラダイム：宇宙的秩序をもつ音楽の数学的構造が人間に共鳴して，その不調和を整序し均衡をもたらすと考える。

「医学的」パラダイム：音楽を効果のある薬のように処方するという「音楽処方」という考え方である。

「心理学的」パラダイム：さまざまな心理療法の理論を音楽療法に応用する考え方である。

《さらに学習をすすめたい人のために》
窪内節子・吉武光世　2003　やさしく学べる心理学療法の基礎　培風館
小此木啓吾　2000　フロイト　講談社学術文庫
山中康裕　1990　芸術・表現療法（臨床心理学体系8）　金子書房
生活の発見会監修　岸見勇美　2014　神経症からの「回復の物語」　白揚社
佐治守夫・岡村達也・保阪亨　1996　カウンセリングを学ぶ　東京大学出版会
佐治守夫・飯長喜一郎（編）　2011　ロジャーズ　クライエント中心療法　新版　カウンセリングの核心を学ぶ　有斐閣

10 こころと社会

　臨床心理士といえば,面接室のソファーに腰をかけて,クライエントの話しに耳を傾けている姿や,ロールシャッハなどの心理検査を実施している姿を思い浮かべる人が多いと思われる。しかし,東日本大震災の時,被災者のこころのケアに当たる臨床心理士の活躍が新聞で大きく報道されたように,臨床心理士は,密室である面接室から飛び出して,クライエントにとって実際的に役立つような心理臨床を目指して,子育て支援,フェミニスト・セラピーの活動,スクールカウンセラーの取り組みなど,地域社会のさまざまな領域に活動の場を広げている。この章では,「臨床心理学的アセスメント」および「心理面接」とならんで,臨床心理学的実践の3本目の柱とされている,「臨床心理学的地域援助」について,コミュニティ心理学の立場から学ぶことにしよう。

❶ 臨床心理学的地域援助の考え方

　人間は社会的動物といわれているように,人はひとりでは生きてゆけない。他の人と関わり,ともに支えあって生きていかなければならない。そのような人びととの営みの中に自然発生的にコミュニティが生まれてくる。伝統的な心理臨床活動が,個人の心理的・内面的世界を対象としてきたのに対して,コミュニティ心理学では,人の問題や悩みは個人とその人が生活している環境との相互作用によって生じると考え,個人ではなく,その人が生きているコミュニティのシステムに働きかけていくことを目指している。山本和郎（1986）は,コミュニティ心理学的心理臨床家の姿勢を表10-1のように,伝統的心理臨床家

表10-1 コミュニティにおける心理臨床家の基本姿勢 (山本, 1984)

		伝統的心理臨床家	対	地域心理臨床家
視点と姿勢	1.	個人を対象	↔	集団, マス, 地域社会を対象
	2.	治療	↔	予防, 教育
	3.	専門家中心の責任性	↔	地域社会中心の責任性
	4.	病気	↔	クライエントの生活, 生きざまの構造
	5.	疾病性 (illness)	↔	事例性 (caseness)
	6.	病気の治療	↔	心の成長促進
	7.	セラピー	↔	ケアを基盤
	8.	パタン化したサービス	↔	創造的なサービス
	9.	単一のサービス	↔	多面的, 総合的サービス
	10.	一人でかかえこむ	↔	ケア・ネットワークづくり
	11.	サービスの非連続性	↔	サービスの連続性
	12.	専門家のみ	↔	非専門家, ボランティアの尊重と活用
役割	13.	個人への介入	↔	システムへの介入者
	14.	個人の評価者	↔	システムの評価者
	15.	セラピストまたはカウンセラー	↔	コンサルタント, オーガナイザー
			↔	教育者, ファシリテーター
援助構造	16.	個人の現在から過去へ（現在→過去）	↔	個人の現在から未来へ（現在→未来）
	17.	時間構造	↔	空間構造
	18.	弱い側面の変革	↔	強い側面の活用と強化
	19.	個人の内面への働きかけ	↔	環境への働きかけ
	20.	深入り	↔	深追いはない, 見守り
	21.	よろいをはぐ	↔	よろいを大切にする
	22.	距離の固定	↔	距離の柔軟性

(氏原ほか編, 2000, p.44 を参考に作成)

と対比させている。

　山本（2001）は，コミュニティ心理学の立場に立つ臨床心理学的地域援助の内容として，①こころの問題の発生予防，②こころの支援，③社会的能力の向上，④心理的・社会的環境の調整，⑤こころに関する情報の提供，をあげ，援

助の理念として以下のものがあるとしている。

　① **コミュニティ感覚**：援助者も被援助者も共に生き，共に生活しているコミュニティの一員であるという自覚。

　② **社会的文脈内人間**：被援助者は家族の一員であり，学校や職場のメンバーであり，地域社会で生活している人で，社会的システム内の存在であるという理解。

　③ **悩める人の援助は地域社会の人びととの連携の中で**：週に1度面接室を訪れ，カウンセリングを受けている人も，それ以外の時間は地域社会の一員として，家族，親戚，友人，近隣の人達，学校の先生，職場の同僚などに支えられて生活している。問題を抱えている人にとっては，臨床心理士もさまざまな社会的資源のひとつに過ぎない。臨床心理士自身も地域社会の人びととの連携の中で生きている存在であるという考え方。

　④ **治療よりも予防を**：問題が発生してから対応していくよりは，問題が起きないように予防していくことで，個人やコミュニティを救うという発達・促進モデルに基づいた考え方。予防には，精神的不健康を引き起こす原因となるものを可能な限り少なくすることを目的とする第一次予防や，問題をかかえた時に利用しやすい，サービス・プログラムや危機介入方法の開発などの第二次予防，入院や自宅療養が必要となった場合に，社会復帰が困難になることを少なくするための第三次予防の3つがある。

　⑤ **強さとコンピテンスの重要性の強調**：弱いところを改善し修復していくのではなく，個人の強さや健康な面に着目し，強さの感覚（コンピテンス）を高めることによって問題の解決を図っていこうとする。

　⑥ **エンパワメントの重要性**：専門家の援助や指導を一方的に受けるのではなく，問題をかかえている個人が自分自身の問題や生活全般にわたってコントロールできるようになることに重きを置く考え方。

　⑦ **非専門家との協同**：援助を受ける人にとっては，専門家でなくても，身近にいて生活をともにしている人たちの支援が望ましい場合もある。そのような人たちを支えているのは地域社会の人びとであるという考えのもとに，ボラン

ティアなどの非専門家と連携したり，非専門的協力者の養成やコンサルテーションを行いながらソーシャル・サポート・ネットワークを強化していこうとする考え方。

⑧ **黒子性**：臨床心理学的地域援助では，被援助者が主役であるという考えから，臨床心理士は前面に出ず，側面から専門的にアドバイスすることが多い。このような，必要なとき，必要なだけ，援助してゆくだけのかかわりであるが，これが実のところ重要な働きをしていると考えられている。

⑨ **サービスの多様性と利用しやすさ**：利用者がサービスを求めてくるのを受動的に待っているのではなく，個々のニーズに合った多様なサービス・メニューを用意したり，24時間いつでも受けられるサービスの提供，利用者に理解しやすい言葉を用いる工夫などが必要となってくる。

⑩ **ケアの精神の重要性**：キュア（cure）は，治療法や治すことを意味する言葉である。これまでの臨床心理士の活動は，病の克服や悩みの解決などキュアの考え方にそったものであった。しかし，地域援助活動においては，HIV感染者，末期がん患者，高齢者などキュアできない人びとを支えていく必要が生じている。「老い・病・死」という現実を援助者自身も共有し，それをともに直視し，生きる意味を見いだしていく作業であるケア（care）の視点をもつことが重要となってくる。

❷ 臨床心理学的地域援助の実際

臨床心理士の地域社会での活躍は多方面にわたっているが，歴史的に古いものとしては，1970年代の初めに始まった「いのちの電話」がある。これは自殺予防や危機介入を目的として作られたボランティアによる全国的な組織で，24時間体制で電話相談にのっている。臨床心理士はこの活動にコンサルタントとして関わっている。その他，東日本大震災などの自然災害被災者の支援，犯罪被害者の支援，高齢者の支援，子育てに悩む母親を対象とした子育ての支援，家庭内暴力や夫からの暴力に悩む女性たちに向けてのフェミニスト・セラ

第II部　こころを支える

> ぶれいく・たいむ
>
> ### 自分の力を信じよう…エンパワーメントとは？
>
> 　エンパワー（empower）には、「力を与える」とか「力を引き出す」という意味がある。エンパワーメントとは、人が自分のもっている力に気づき、自分の問題を自分で解決し、自分の生活に統制力や意味を見いだすことで力を獲得する過程とされ、個人・グループ・コミュニティの3層にわたり展開していくとされている。
>
> 　フェミニズムをはじめ、犯罪の被害者、HIV感染者など生活者として心の問題を抱えている人びとを支援する際、エンパワーメントの考え方が重要になる。ここでは、問題を抱え立ち往生している人も、基本的には援助者と同じ人間であり、一人の人間として立派に人生を生きる力をもっているとする人間観が基本にある。したがって、力のある者が弱いものを一方的に援助するのではなく、自己の問題を自分自身の力で統制し解決し、集団や地域社会の中でともに生きて支え合っているのだという感覚をもち、さらに社会に向かって自分たちに必要なことを主張していく力をもつようになることをめざして支援することになる。
>
> 　　　　　　　　　　　　　　　　　　　　　　　　　　　　（吉武光世）

ピー活動、HIV感染者のカウンセリング、異文化に生きる人びとへの働きかけ、不登校やいじめなどさまざまな問題をかかえた教育現場でのスクールカウンセラーの取り組み、精神障害回復者のセルフ・ヘルプ・グループやデイ・ケアでの取り組みなど、臨床心理士の活動の場は年々広がってきている。

《さらに学習をすすめたい人のために》
村松安子・村松泰子（編）　1995　エンパワーメントの女性学　ゆうひかく選書
山本和郎（編）　2001　臨床心理学的地域援助の展開　培風館

ぶれいく・たいむ

5人のわたし…エゴグラム・チェックリスト

次の質問に答えてみましょう。
はい（○），どちらともつかない（△），いいえ（×）のように答えて下さい。
ただし，できるだけ○か×で答えるようにして下さい。

			○	△	×
CP（　　）点	1	あなたは，何ごともきちっとしないと気がすまないほうですか。			
	2	人が間違ったことをしたとき，なかなか許しませんか。			
	3	自分を責任感のつよい人間だと思いますか。			
	4	自分の考えをゆずらないで，最後までおし通しますか。			
	5	あなたは礼儀，作法についてやかましいしつけを受けましたか。			
	6	何ごとも，やりだしたら最後までやらないと気がすみませんか。			
	7	親から何か言われたら，そのとおりにしますか。			
	8	「ダメじゃないか」「……しなくてはいけない」という言い方をしますか。			
	9	あなたは時間やお金にルーズなことが嫌いですか。			
	10	あなたが親になったとき，子どもをきびしく育てると思いますか。			

NP（　　）点	1	人から道を聞かれたら，親切に教えてあげますか。			
	2	友達や年下の子どもをほめることがよくありますか。			
	3	他人の世話をするのがすきですか。			
	4	人のわるいところよりも，よいところを見るようにしますか。			
	5	がっかりしている人がいたら，なぐさめたり，元気づけてやりますか。			
	6	友達に何か買ってやるのがすきですか。			
	7	助けを求められると，私にまかせなさい，と引き受けますか。			
	8	だれかが失敗したとき，責めないで許してあげますか。			
	9	弟や妹，または年下の子をかわいがるほうですか。			
	10	食べ物や着るもののない人がいたら，助けてあげますか。			

A（　　）点	1	あなたはいろいろな本をよく読むほうですか。			
	2	何かうまくいかなくても，あまりカッとなりませんか。			
	3	何か決めるとき，いろいろな人の意見をきいて参考にしますか。			
	4	はじめてのことをする場合，よく調べてからしますか。			
	5	何かする場合，自分にとって損か得かよく考えますか。			
	6	何か分からないことがあると，人に聞いたり，相談したりしますか。			
	7	体の調子のわるいとき，自重して無理しないようにしますか。			
	8	お父さんとお母さんと，冷静に，よく話し合いますか。			
	9	勉強や仕事をテキパキと片づけていくほうですか。			
	10	迷信やうらないなどは，絶対に信じないほうですか。			

第II部　こころを支える

FC（　）点	1	あなたは，おしゃれが好きなほうですか。			
	2	皆とさわいだり，はしゃいだりするのが好きですか。			
	3	「わぁ」「すげぇ」「かっこいい！」などの感嘆詞をよく使いますか。			
	4	あなたは言いたいことを遠慮なく言うことができますか。			
	5	うれしいときや悲しいときに，顔や動作に自由に表わすことができますか。			
	6	ほしい物は，手に入れないと気がすまないほうですか。			
	7	異性の友人に自由に話しかけることができますか。			
	8	人に冗談を言ったり，からかったりするのが好きですか。			
	9	絵をかいたり，歌をうたったりするのが好きですか。			
	10	あなたはイヤなことを，イヤと言いますか。			

AC（　）点	1	あなたは人の顔色を見て行動をとるようなくせがありますか。			
	2	イヤなことをイヤと言わずに，おさえてしまうことが多いですか。			
	3	あなたは劣等感がつよいほうですか。			
	4	何か頼まれると，すぐにやらないで引き延ばすくせがありますか。			
	5	いつも無理をして，人からよく思われようと努めていますか。			
	6	本当の自分の考えよりも，親や人の言うことに影響されやすいほうですか。			
	7	悲しみや憂うつな気持ちになることがよくありますか。			
	8	あなたは遠慮がちで消極的なほうですか。			
	9	親のごきげんをとるような面がありますか。			
	10	内心では不満だが，表面では満足しているように振る舞いますか。			

● この表に得点を書きこんでください

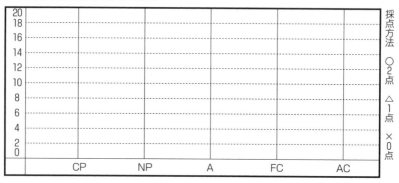

（杉田峰康　1985　交流分析（講座サイコセラピー8）　日本文化科学社　pp.38-39，エゴグラム・チェック・リスト（中高生用）を改変転載）

引用・参考文献

第1章

Bandura, A. 1965 Influence of model's reinforcement contingencies on the acquisition of imitative response. *Journal of Personality and Social in Psychology*, 1, 589-595

Keller, F. S. & Schoenfeld, W. N. 1950 *rinciples of psychology*. New York: Appleton.

Maslow, A. H. 1962 *Toward a Psychology of Being*. D. Van Nostrand Co. Inc.（上田吉一（訳）1964 完全なる人間 誠信書房）

Seligman, M.E.P. & Maier, S.F. 1967 Failure to Escape Traumatic Shock. *Journal of Experimental Psychology*, 74, 1-9.

Skinner, B. F. 1938 *The behavior of organisms: An experimental analysis*. Englewood Cliffs, N. J.: Prentice-Hall.

Tolman, E. C. & Honzik, C. H. 1930 Introduction and removal of reward, and maze performance in rats. *University of California Publications in Psychology*, 4, 257-275.

Yerkes, R. M., & Morgulis, S. 1909 *The method of Pavlov in animal psychology*. Psychological Bulletin, 6, 257-273.

梅本堯夫・大山正（編）1992 心理学への招待 サイエンス社

梅本堯夫・大山正・岡本浩一 1999 （コンパクト新心理学ライブラリ1）心理学—心のはたらきを知る サイエンス社

大山正・杉本敏夫（編）1990 ホーンブック心理学 北樹出版

第2章

Atkinson, R. C., & Shiffrin, R. M. 1971 Human memory: A proposed system and its control processes. In K. W. Spence, *The psychology of learning & motivation: Advances in research and theory*, New York: Academic Press, pp. 89-195.

Bower, G. H. 1981 Mood and Memory. *American Psychologist*, 36(2), 129-148.

Broadbent, D. E. 1958 *Perception & communication*. London: Pergamon.

Collins, A. M., & Loftus, E. G. 1975 A spreading-activation theory of semantic processing. *Psychological Review*, 82, 407-428.

Heron, W. 1957 The pathology of boredom. *Scientific American*, Vol 196, 52-56.

Miller, G. A. 1956 The magical number seven plus or minus two: some Limits or our capacity for processing information. *Psychological Review*, 63, 81-97.

Neisser, U. 1982 *Memory of served: Remembering in natural contexts*. New York:

Freeman.
Palmer, S. E.　1975　The effect of contextual scenes on the identification of objects. *Memory and Cognition*, 3, 519-526.
Peterson, L.　1959　Short-term retention of individual verbal items. *JEP*, 58, 193-198.
Selfridge, O. G.　1959　Pandemonium: A paradigm for learning. In Symposium on the Mechanization of Thought Processes. London: Her Majesty's Stationery Office.
Sperling, G.　1960　The information available in brief visual presentations. *Psychological Monographs*, 74, 329.
Tulving, E.　1983　*The elements of episodic memory*. New York: Oxford University Press.
丸山欣哉　1996　基礎心理学通論　福村出版

第3章

Bühler, C.　1922　*Das Seelenleben des Jugendlichen*. Jena: Gustav Fischer.（原田茂（訳）青年の精神生活　協同出版）
Condon, W. S. & Sander, L. W.　1974　Synchrony Demonstrated between Movements of the Neonate and Adult Speech. *Child Development*, 45, 456-462.
Erikson, E. H.　1963　*Childhood and Society*. W. W. Norton.
Fantz, R. L.　1961　The origin of form perception. *Scientific American*, 204, 66-72.
Fantz, R. L.　1963　Pattern vision on newborn infant. *Science*, 140, 296-297.
Harlow, H. F.　1959　love in infant monkeys. *Scientific American*, 200, 68-74.
Klaus, M. H. & Kennell, J. H.　1982　*Parent-Infant Bording*, 2nd ed., St. Louis, MO : Mosby.
Klaus, M. H., Kennell, J. H. & Klaus, P. H.　1995　*Bonding: Building the foundations of secure attachment and independence*. Reading MA: Addison-Wesley.（竹内徹（訳）2001　親と子のきずなはどうつくられるか　医学書院）
Kohlberg, L.　1969　Stage and Sequence: the cognitive-developmental approach to socialization. In D. Goslin (ed.), *Handbook of socialization theory and research*. Chicago: McNally.（永野重史（監訳）1987　道徳性の形成　新曜社）
Kübler-Ross, E.　1969　*On Death and Dying*. New York: Macmillan.（川口正吉（訳）1971　死ぬ瞬間―死にゆく人々との対話　読売新聞社）
Lewis, M., & Brooks-Gunn, J.　1979　*Social cognition and acquisition of self*. Plenum.
Marcia, J. E.　1966　Developmental and validation of ego-identity status. *Journal of Personality and Social Psychology*, 3, 551-558.
Meltzoff, A. N. & Moore, M. K.　1977　Imitation of facial and manual gestures by human neonates. *Science*, 198/74-8
Piaget, J.　1930　*The child's conception of Physical causality*. New York: Harcourt Brace.（大伴茂（訳）1957　児童道徳判断の発達　臨床児童心理学Ⅲ　同文書院）

Portmann, A. 1951 *Biologische Fragmente zu einer Lehre vom Menschen*, Schwabe.

Zingg, R. M. 1942 Feral man and cases of extreme isolation of individuals. In J. A. L. Singh, & R. Zingg (eds.), *Wolf-children and feral man*. Harper & Brothers.

植村美民 1979 乳幼児におけるエゴ (ego) の発達について 心理学評論 22(1), 28-44

柏木哲夫 1983 死の心理臨床 橋口英俊（編） 新臨床心理学入門 建帛社

川端啓之・杉野欽吾・後藤晶子・余部千津子・萱村俊哉 1995 発達臨床心理学 ナカニシヤ出版

窪内節子（編） 1997 楽しく学ぶ心のワークブック 学術図書出版

倉戸ツギオ 1997 育て・はぐくむ・かかわる 北大路書房

小林登 1978 新生児期の母子関係，育児学の理論体系を求めて 周産期医学, 8(1), 6-12

小林登 1983 母子相互作用の意義 周産期医学, 13(12), 1823-1826

坂上裕子・山口智子・林剛・中間玲子 2014 問いからはじめる発達心理学－生涯にわたる発達心理学 有斐閣

野州一 2000 みるよむ生涯発達心理学 北大路書房

繁多進監修・向田久美子・石井正子（編著） 2010 新乳幼児発達心理学 福村出版

マイケル・ルイス（著），高橋惠子（編），高橋惠子（監訳） 2007 愛着からソーシャル・ネットワークへ 新曜社

無藤清子 1979 「自我同一性地位面接」の検討と大学生の自我同一性，教育心理学研究, 27, 178-187.

無藤隆・高橋惠子・田島信元（編） 1990 発達心理学入門Ⅰ 東京大学出版会

村田孝治 1990 児童発達心理学 培風館

吉武光世（編著），窪内節子・山崎洋史・小野瑠美子（著） 1995 メンタルヘルスと心理学 学術図書出版

第4章

Bowlby, J. 1951 *Maternal Care and Mental Health*. Geneva: World Health Organization.

Erikson, E. H. 1950 *Childhood and society*. Norton.（仁科弥生（訳） 1977 幼児期と社会Ⅰ・Ⅱ みすず書房）

Jenkins, R. L. 1969 Classification of behavior problems of children. *American Journal of Psychology*, 125, 1032-1039.

McGraw, M. B. 1935 *Growth: A study on Johnny and Jimmy*. New York: Appleton-Century Crofts.

Spitz, R. A. 1945 Hospitalism: An inquiry into the genesis of psychiatric conditions in early childhood. *The Psychoanalytic Study of the Child*, Vol. 1, Int. Univ.

Press.

Symonds, P. M. 1937 *The psychology of parent-child relationships*. Prentice-Hall.

Thomas, A., Chess, S., & Birch, H. 1970 The origin of personality. *Scientific American*, 233, 102-109.

Wilson. J. Q. & Kelling. G. L. 1982 Broken Windows: The police and neighborhood. *Safety. Atlantic Monthly*, 29-38

新井邦二郎（編） 1997 図でわかる発達心理学 福村出版

榎本博明 2003 はじめてふれる心理学（ライブラリ 心の世界を学ぶ1） サイエンス社

エリクソン，E. H.（著），小此木啓吾（訳編） 1973 自我同一性 誠信書房

小此木啓吾・深津千賀子・大野裕（編） 1998 心の臨床家のための必携精神医学白書 創元社

越智啓太 2012 犯罪心理学 サイエンス社

厚生労働省 2005 自殺死亡統計の概況（人口動態特殊報告）諸外国の自殺死亡率 (http://www.mhlw.go.jp/toukei/saikin/hw/jinkou/tokusyu/suicide04/11.html 2016年12月5日最終閲覧）

厚生労働省 2014 児童虐待防止策について 雇用均等・児童家庭局総務課資料

厚生労働省 2015 平成27年人口動態統計月報年計（概数）の概況

厚生労働省 2016a 報道発表資料 平成27年度 児童相談所での児童虐待相談対応件数（速報値）(http://www.mhlw.go.jp/stf/houdou/0000132381.html 2016年12月5日最終閲覧）

厚生労働省 2016b 平成27年簡易生命表の概況 (http://www.mhlw.go.jp/toukei/saikin/hw/life/life15/ 2016年12月5日最終閲覧）

後藤節子・足立恵子（編） 1996 テキスト母性看護学 名古屋大学出版会

小西聖子 2001 トラウマの心理学 日本放送出版協会

坂野雄二・菅野純・佐藤正二・佐藤容子 1996 臨床心理学（ベーシック現代心理学8） 有斐閣

スピッツ，R. A.（著），古賀行義（訳） 1965 母子関係の成り立ち 同文書院

千住淳 2014 自閉症スペクトラムとは何か 筑摩書房

高橋三郎・大野裕・染矢俊幸（訳） 1995 DSM-Ⅳ精神疾患の分類と診断の手引き 医学書院

東京都福祉保健局 2005 児童虐待の実態Ⅱ（平成17年12月）(http://www.fukushihoken.metro.tokyo.jp/jicen/gyakutai/index.files/hakusho2.pdf 2016年12月5日最終閲覧）

内閣府 2016 平成28年版 男女共同参画白書

原仁（編） 2014 最新 子どもの発達障害事典（DSM-5対応） 合同出版

法務省法務総合研究所（編） 2015 平成27年版 犯罪白書

宮尾益知（監修） 2010 発達障害の治療法がよくわかる本 講談社

宮城音弥　1960　性格　岩波書店
村上佳津美　2009　不登校に伴う心身症状―考え方と対応―　心身医，49，1271-1276
森田洋司　1985　学級集団における「いじめ」の構造　ジュリスト，836，29-35
文部省　1996　児童生徒の問題行動等に関する調査研究協力者会議　児童生徒のいじめ等に関するアンケート調査結果
文部科学省　1999　学習障害児に対する指導について（報告）（平成11年7月）
文部科学省　2003　今後の特別支援教育の在り方について（最終報告）（平成15年3月）参考資料3．定義と判断基準（試案）等（http://www.mext.go.jp/b_menu/shingi/chousa/shotou/054/shiryo/attach/1361233.htm　2016年12月5日最終閲覧）
文部科学省　2005　不登校児童生徒が自宅においてIT等を活用した学習活動を行った場合の指導要録上の出欠の取扱い等について（通知）
文部科学省　2007　平成19年度「児童生徒の問題行動等生徒指導上の諸問題に関する調査」について
文部科学省　2012　通常の学級に在籍する発達障害の可能性のある特別な教育的支援を必要とする児童生徒に関する調査結果について（平成24年12月5日）（http://www.mext.go.jp/a_menu/shotou/tokubetu/material/1328729.htm　2016年12月5日最終閲覧）
文部科学省　2014　不登校に関する実態調査～平成18年度不登校生徒に関する追跡調査報告書～
文部科学省　2015a　平成26年度「児童生徒の問題行動等生徒指導上の諸問題に関する調査」について（平成27年9月16日）
文部科学省　2015b　平成26年度「児童生徒の問題行動等生徒指導上の諸問題に関する調査」における「いじめ」に関する調査結果について（平成27年10月27日）（http://www.mext.go.jp/b_menu/houdou/27/10/__icsFiles/afieldfile/2015/11/06/1363297_01_1.pdf　2016年12月5日最終閲覧）
文部科学省　2015c　平成27年度―学校基本調査（確定値）の公表について　平成27年12月25日
山﨑洋史　2009　学校教育とカウンセリング力　学文社
矢野喜夫・落合正行　1991　発達心理学への招待（新心理学ライブラリ5）　サイエンス社

第5章

Allport, F. H.　1937　Toward a science of public opinion. *POQ*, 1, 7-23.
Asch, S. E.　1946　Forming impressions of Personality. *JASP*, 41, 258-290.
Asch, S. E.　1955　Opinion & social pressures. *Scientific American*, 193, 31-35.
Berscheid, E. & Walster, E. et al.　1971　Physical attractiveness & dating choice: A test of the matching hypothesis, *JESP*, 7, 173-189.
Brehm, J.W.　1966　*A theory of Psychological Reactance*. New York: Academic

Press.

Brehm, S. S. & Brehm, J. W. 1981 *Psychological reactance: A theory of freedom & control.* Academic Press.

Byrne, D. & Nelson, D. 1965 Attraction as a linear function of Proportion of Positive reinforcement. *JPSP*, 1, 659-663.

Cartwright, D. 1979 contemporary social psychology in historical perspective, *SPQ*, 42, 82-93.

Cartwright, D. (ed.) 1959 *Studies in Social Power.* Ann Arbor, Research Center for Group Dynamics, Institute for Social Research, University of Michigan.

Cartwright, D. & Zander, A. 1960 *Group dynamics: Research & theory*, 2nd ed., Tavistock Pub.

Deutsch, M. et al. 1955 A Study of normative & informational social influence upon individual judgment. *JASP*, 51, 629-636.

Dutton, D. G. & Aron, A. P. 1974 Some evidence for heightened sexual attraction under conditions of high anxiety. *Journal of Personality & Social Psychology*, 30, 510-517.

Festinger, L. 1950 Informal social communication. *PR*, 7, 271-282.

Festinger, L., Schachter, S. & Back, K. 1950 *Social pressures in informal groups: A study of human factors in housing.* Stanford University Press.

Fiedler, F. E. 1967 *A Theory of leadership effectiveness*, McGrow-Hill.

French, J. R. P. Jr. et al. 1959 The bases of social power. In D. Cartwright (ed.) *Studies in social power.* Institute for social Research, 150-167.

Heider, F. 1958 *The psychology of interpersonal relations.* New York: Wiley.

Homans, G. C. 1961 *Social behavior: Its elementary forms.* Harcourt, Brace & World.

Hovland, C. I. & Weiss, W. 1951 The Influence of Source Credibility on Communication Effectiveness. *Public Opinion Quarterly*, 15, 635-650.

Janis, I. L. 1985 Sources of error in strategic decision making. In J. M. Pennings (ed.), *Organizational strategy & change.* Sanfrancisco: Jossey-Bass.

Jones, E. E. & Davis, K. E. 1965 From acts to dispositions: The attribution process in person perception, *AESP*, 2, 219-266.

Kerckhoff, A. C. & Davis, K. E. 1962 Value consensus & need complementarity in mate selection. *ASR*, 27, 295-303.

Latane, B. et al. 1979 Many hands makes light the work: the causes & consequences of social loafing. *JPSP*, 37, 822-832.

Leventhal, H. et al. 1979 Effects of preparatory information about sensations, threat of pain, & attention on cold press or distress. *JPSP*, 37, 688-714.

Levinger, G. A. 1983 Development & Change. In H. H. Kelly, E. Berscheid, A.

Christensen, J. H. Harvey, T. L. Huston, *Close Relationships*. W. H. Freeman & Company.
Marks, S. R. 1977 Multiple roles & role stain: some notes on human energy, time & commitment. *ASR*, 42, 921-936.
McGregor, D. 1960 *The human side of enterprise*. NY: McGraw-Hill.
Murstein, B. I. 1961 The complementary need hypothesis in newly weds & middle aged married couples. *JASP*, 63, 194-197.
Newcomb, T. M. 1961 *The acquaintance process*. New York: Holt, Rinehart & Winston.
Palmer, S. E. & Byrne, D. 1970 Attraction toward dominant & submissive strangers: similarity versus complementarity. *JERP*, 4, 108-115.
Petty, R. E. & Cacioppo, J. T. 1986 Elaboration likelihood models of persuasion. In L. Berkowiz (ed.), *Advances in experimental social psychology*, Vol. 19, New York: Academic Press, 123-205.
Stogdill, R. M. 1974 *Handbook of leadership effectiveness*, McGrow-Hill.
Thayer, S. & Schiff, W. 1969 Stimulus factors in observer judgment of social interaction: Facial expression and motion pattern. *American Journal of Psychology*, 82, 73-85.
Wallach, M. A. et al. 1964 Diffusion of responsibility & level of risk taking in groups. *JASP*, 68, 263-274.
Walster, E. et al. 1966 Importance of physical attractiveness in dating behavior. *JPSP*, 4, 508-516.
Zajonc, R. B. 1980 Compresence. In P. B. Paulus (ed.), *Psychology of group influence*. Hillsdale, NJ: Erlbaum.
三隅二不二　1984　リーダーシップ行動の科学　有斐閣

第6章

内山喜久雄・高野清純・田畑治　1984　カウンセリング講座 サイコセラピー　日本文化科学社
河合隼雄　1970　カウンセリングの実際問題　誠信書房
窪内節子・吉武光世　2003　やさしく学べる心理療法の基礎　培風館
コーチン, S. J.（著），村瀬孝雄（監訳）1980　現代臨床心理学　弘文堂
日本臨床心理士資格認定協会　2003　平成15年度臨床心理士関係例規集

第7章

Eysenck, H. & Wilson, G. 1975 *Know Your Own Personality*. London:Temple Smith.
Kretschmer, E. 1955 Koeroerbau und Character. Springer.（相場均（訳）1960

体格と性格　光文堂)

Kuhn, M. H. & McPartland, T. S.　1954　An Empirical investigation of self attitudes. *American Sociological Review*, 68-76.

Shneidman, E. S.　1954　Some relationships between the Rorschach technique and other psychodiagnostic Tests. In B. Klopfer (ed)., *Developments in the Rorschach technique*, vol. Ⅱ. New York: Harcourt, Brace & World.

Wechsler, D.　1991　Wechsler Intelligence Scale for Children-Third Edition The Psychological Corporation, U.S.A.（日本版 WISC-Ⅲ刊行委員会（訳編著）1998　日本版 WISC-Ⅲ知能検査法　日本文化科学社）

河野和彦　2012　完全図解新しい認知症ケア医療編　講談社

小川俊樹＆ピオトロフスキー，C.　1986　心理臨床における心理検査の役割とその日米比較研究（未発表）

小川捷之（編）　1990　パーソナリティ（臨床心理学体系 2）　金子書房

加藤信司他　1991　改訂長谷川式簡易知能スケール（HDR-S）の作成　老年精神医学, 2　1339-1347

上里一郎（監修）　2001　心理アセスメントハンドブック第 2 版　西村書店

河合隼雄　1967　ユング心理学入門　培風館

坂野雄二・佐藤正二・菅野純・佐藤容子　1996　臨床心理学（ベーシック現代心理学 8）　有斐閣

瀧本孝雄　2003　性格の諸理論　詫摩武俊・瀧本孝雄・鈴木乙史・松井豊　性格心理学への招待〔改訂版〕（新心理学ライブラリ 9）　サイエンス社

詫摩武俊・松井豊　1985　血液型ステレオタイプについて　人文学報（東京都立大学人文学部）172　15-30

㈶田中教育研究所（編），杉原一昭ほか（監）　2003　田中ビネー知能検査実施マニュアル　田研出版

津守真・磯部景子　1965　乳幼児精神発達質問紙―3～7 才まで　大日本図書

David Wechsler　2010　日本版 WISC-Ⅳ知能検査　実施・採点マニュアル　日本文化科学社

日本文化科学社ホームページ　WISC-Ⅳ知能検査（http://www.nichibun.co.jp/kobetsu/kensa/wisc4.html　2016 年 12 月 5 日最終閲覧）

古川竹二　1932　血液型と気質　三省堂

前田重治　1985　図説臨床精神分析学　誠信書房

増田公男　1989　パーソナリティ　福屋武人（監）　図解心理学　学術図書出版社

吉武光世・久富節子　2001　じょうずに聴いてじょうずに話そう　学文社

第 8 章

Gull, W. W.　1874　Anorexia nervosa（apepsia hysterica, anorexia hysterica）. *Transactions of Clinical Society of London*, 7, 22-28.

上島国利・上別府圭子・平島奈津子　2013　知っておきたい精神医学の基礎知識〔第2版〕―サイコロジストとメディカルスタッフのために―　誠信書房
岡本栄一・西村秀雄・福屋武人・本間道子・森上史朗　1991　こころの世界―図説心理学入門　新曜社
尾久裕紀　2000　働く人の心の病　山海堂
風祭元　1987　風祭教授のうつ病　主婦の友社
加藤正明・保崎秀夫・笠原嘉・宮本忠雄・小此木啓吾ら（編）　1993　新版精神医学事典　弘文堂
神庭重信　2014　うつ病の理論と臨床　弘文堂
小杉正太郎・齋藤亮三　2006　ストレスマネジメントマニュアル　弘文堂
越野好文・志野靖史　2014　好きになる精神医学第2版　講談社
品川浩三（編）　1992　精神保健　北大路書房
末松弘行　1997　心身症の概念と定義　現代のエスプリ360　至文堂
高野清純（監）　1994　事例発達臨床心理学事典　福村出版
高橋三郎・大野裕（監訳），染矢俊幸・神庭重信・尾崎紀夫・三村将・村井俊哉（訳）　2014　DSM-5精神疾患の診断・統計マニュアル　医学書院
田中朱美　1999　心の病気がよくわかる本　小学館
筒井末春　1988　心身症を克服する　講談社
中井久夫・山口直彦　2001　看護のための精神医学　医学書院
西園昌久　1992　境界例をめぐる最近の動向　福島章（編）　境界例の精神療法　金剛出版
福島章・大橋秀夫・大平健・山田和夫　1985　精神医学の基礎知識　安田生命事業団
福島章・村瀬孝雄・山中康裕（編）　1990　精神障害・心身症の心理臨床（臨床心理学体系第11巻　金子書房
フランセス，A.（著）　大野裕・中川敦夫・柳沢圭子（訳）　2014　精神疾患診断のエッセンス DSM-5の上手な使い方　金剛出版
森則夫・杉山登志郎・岩田康秀　2014　臨床家のためのDSM-5 虎の巻　日本評論社
村上正人　1991　ストレスとは　桂載作（編）　医療心理のための心身医学　医薬ジャーナル 41, 42
渡部芳徳・野口律奈・松井宏夫　2014　うつ病が治る最新治療―専門医＋管理栄養士＋医学ジャーナリストが最先端治療をわかりやすく紹介―　主婦の友インフォス

第9章

Abramson, L. Y., Alloy, L. B. & Metalsky, G. I.　1988　The cognitive diathesis-stress theories of depression: toward an adequate evaluation of theories 'validities'. In Alloy, L. B. (ed), *Cognitive Processes in Depression*. New York: Guilford press.

Beck, AT.（1976）*Cognitive therapy and the Emotional disorders*. International Universities Press.（大野裕（訳）　1990　認知療法　岩崎学術出版社）

Beck, J. S.（1995）Cognitive therapy: Basics and Beyond（伊藤絵美・神村栄一・藤澤大介訳　2004　認知療法実践ガイド　基礎から応用まで―ジュディス・ペックの認知療法テキスト　星和書店）

Dryden, W. & Rentoul, R. R.　1991　*Adult clinical problems: a cognitive behavioral approach*. London: NewYork, Routledge.（丹野義彦　1996　認知臨床心理学入門　東京大学出版会）

Meichenbaum, Donald（1977）*Cognitive-behavior modification: An integrative approach*. New York: Plenum Press.（根建金男（監訳）　1992　認知行動療法―心理療法の新しい展開　同朋舎出版）

Rogers, C. R.　1951　*Client-centered therapy*. Houghton Mifflin.

White, R. W.（1959）Motivation reconsidered: The concept of competence. *Psychological Review*, 66.

Wolpe, J.　1958　*Psychotherapy by Reciprocal Inhibition*. Stanford, CA: Stanford University Press.

Yankura, J. & Dryden, W.（1994）Albert Ellis Ist edition, London: Sage.（國分康孝・國分久子監訳　1998　アルバート・エリス―人と業績：論理療法の誕生とその展開　川島書店）

井上和臣（編著）　2004　認知療法・西から東へ　星和書房

内山喜久雄　1988　行動療法（講座サイコセラピー2）　日本文化科学社

内山喜久雄　1990　自律訓練法（臨床心理学体系8）　金子書房

内山喜久雄・高野清純・田畑治　1984　カウンセリング（講座サイコセラピー第1巻）日本文化科学社

大原健士郎　2000　新しい森田療法　講談社＋α新書

小此木啓吾　2000　フロイト　講談社学術文庫

小此木啓吾（編集代表）　2002　精神分析事典　岩崎学術出版社

河合隼雄　1994　心理療法（河合隼雄著作集）　岩波書店

川瀬正裕・松本真理子・松本英夫　2015　心とかかわる臨床心理〔第3版〕―基礎・実際・方法　ナカニシヤ出版

窪内節子（編）　1997　楽しく学ぶこころのワークブック　学術図書出版

窪内節子・吉武光世　2003　やさしく学べる心理療法の基礎　培風館

窪内節子監修　2012　優しく学べる心理療法の実践　培風館

國分康孝（編）　1999　論理療法の理論と実際　誠信書房

阪上正巳　2000　音楽療法　飯森眞喜雄（編）　こころの科学92　芸術療法　日本評論社

阪野雄二　1995　認知行動療法　日本評論社

阪野雄二　2002　パニック障害　下山晴彦・丹野義彦編　異常心理学（講座臨床心

理学 3) 東京大学出版会
佐治守夫・飯長喜一郎（編） 1983 ロジャーズ クライエント中心療法 カウンセリングの核心を学ぶ 有斐閣
佐治守夫 1995 ロジャーズ・クライエント中心療法―その本質と日本における変容 季刊精神療法, 21(1) 金剛出版
佐治守夫・岡村達也・保坂亨 1996 カウンセリングを学ぶ 東京大学出版会
白井幸子 1983 看護に生かす交流分析 医学書院
杉田峰康 1985 交流分析（講座サイコセラピー 8） 日本文化科学社
生活の発見会監修 岸見勇美 2014 神経症からの「回復の物語」 白揚社
中村敬 2000 森田療法における診断と治療面接の進め方 北西憲二（編） こころの科学 89 日本評論社
野島一彦 2000 エンカウンター・グループのファシリテーション ナカニシヤ出版
畠瀬稔 1990 エンカウンター・グループと心理的成長 創元社
弘中正美 2000 箱庭療法 飯森眞喜雄（編） こころの科学 92 芸術療法 日本評論社
村山正治 1993 エンカウンターグループとコミュニティ ナカニシヤ出版
村山正治・野島一彦 1977 エンカウンター・グループ・プロセスの発展段階 九州大学教育学部紀要（教育心理学部門），21(2), 77-84
山崎洋史 2009 学校教育とカウンセリング力 学文社
ロージャズ, C. R.（著），伊東博（編訳） 1967 パースナリティ理論（ロージャズ全集 8） 岩崎学術出版社
ロジャーズ, C. R.（著），諸富祥彦・末武康弘・保坂亨（訳） 2005 ロジャーズが語る自己実現の道（ロジャーズ主要著作集 3） 岩崎学術出版社
渡辺利夫 1996 神経症の時代 わが内なる森田正馬 TBS ブリタニカ

第 10 章

氏原寛・成田善弘（編） 2000 コミュニティ心理学とコンサルテーション・リエゾン（臨床心理学 3） 培風館
杉田峰康 1985 交流分析（講座サイコセラピー 8） 日本文化科学社
山本和郎 1984 コミュニティにおける心理臨床家―臨床心理の独自な領域を求めて 村瀬孝雄・野村東助・山本和郎（編） 心理臨床の探求 有斐閣
山本和郎 1986 コミュニティ心理学 東京大学出版会
山本和郎（編） 2001 臨床心理学的地域援助の展開 培風館

事 項 索 引

あ行

アクセプタンス・コミットメント・セラピー 196
アタッチメント（愛着） 31, 44
アナクリティックうつ病 45
アレキシサイミヤ 152
鋳型照合モデル 17
意識 121
いじめ 63
維持リハーサル 23
イド 121
意味記憶 25
WISC-Ⅳ 56
ウェクスラー成人知能検査（WAIS） 141
内田クレペリン精神検査 133
うつ病 11, 76, 157, 159-161
ASD 46-48, 59
ACT 196
HTP 135, 217
ADHD 58
AB-X モデル 84
ABCD 理論 198
エゴグラム 131, 133, 187, 225
SSRI 160
SCT 135, 137
SVR 理論 89
XY 理論 106
エディプス期 125
エピソード記憶 25
MMPI 130
LD 55
LPC 107
エンカウンター・グループ 206, 207
遠城寺式 147
エントレインメント 29
エンパワーメント 224
オペラント条件づけ 4, 192
音楽療法 218

か行

外因性精神病 169
絵画統覚検査 135
外向型 125, 126
カウンセラー 110-113
カウンセリング 110
学習障害 55, 58
学習性無気力 11
カクテルパーティ効果 16
確認強迫 167
過食症障害 176
臥褥療法 211
葛藤（コンフリクト） 9
感覚運動的遊び 50
感覚記憶 15, 20
感覚遮断 13
感覚の種類 14
観察学習 6, 193
観察法 128
干渉説 24
緘黙症 55
記憶自然減衰説 24
基本的信頼 44
基本的動機（一次的要求） 7
基本的不信 44
逆制止 190
虐待 51
脚本分析 189
逆行抑制 25
ギャングエイジ 36
強化 3, 4
境界性パーソナリティ障害 179
境界例 180, 181
強化のスケジュール 5
共感的理解 202-204
強迫性障害 166
恐怖症 168, 169
起立性調節障害 156

均衡理論　82
近接性　86
緊張型　171
クライエント　110-113
グループシンク　100
警告期　151
芸術療法　216
系統的脱感作法　190
ゲーム分析　189
原因帰属　11, 92, 94
現代型非行少年　70
好意の返報性　89
口唇期　125
構造分析　186
行動療法　189, 190, 193, 195
肛門期　125
合理的信念　198
交流パターン分析　187
交流分析　185
古典的条件づけ　2
コミュニティ心理学　220, 221
コラム法　199
コンピテンス　33
コンフリクト　9

さ行
作業検査法　133
錯誤帰属　94
サッカー効果　99
シェーピング法　192
自我　121
自我同一性　37
自己一致　204
自己概念　203
自己実現　8
質問紙法　129, 131
児童虐待　51
児童虐待防止法　51
自動思考　199, 201
自閉症スペクトラム障害　46, 47, 59
社会的勢力　102
社会的促進　98
社会的促進効果　98

社会的手抜き　99
社会的動機（二次的要求）　7
就巣性の動物　27
集団維持機能　105
集団規範　96
集団凝集性　96
集団式知能検査　144
集団対応リーダーシップ　107
集団分極化　99
準拠集団　96
順行抑制　25
消去　4
条件刺激　3, 4
条件反応　3
承諾先取引要請法　92
少年非行　67
情報処理モデル　15
譲歩の要請法　92
自律訓練法　194
自律的学習　7
自律的道徳性　36
神経性大（過）食症　176
神経性無食欲（やせ）症　174
信号行動　32
心身症　148
人生の午後　74
人物画　135
心理機能　126
心理検査法　129
心理・社会的危機　41
心理的リアクタンス理論　92
スキナー箱　4
スクウィグル法　217
スクリブル法　217
ストレス　149, 152
ストレス学説　151
スパーリング　21
性格検査　129
性器期　125
精神年齢　141
精神病　169
精神分析の発達理論　41
精緻化見込みモデル　90

239

精緻化リハーサル　23
責任の帰属　93
世代間伝達　53
接近行動　33
摂食障害　174, 177, 178
セロトニン　160
前意識　121
選好注視法　28
潜在学習　5
選択的注意　16
潜伏期　54, 125
躁うつ病　162
双極性障害　162, 163
喪失体験　76
想定類似性　88
相補性　89
ソーシャルスキルトレーニング　60
組織　95

た行
第1反抗期　35
対応推論理論　93
対象喪失　79
対人認知　80
胎生期　43
タイムアウト　192
代理悲嘆者　79
ただ乗り（フリーライダー）効果　99
脱感作　190, 191
他律的道徳性　36
段階的要請法　92
短期記憶　15, 20, 21, 23
男根期　125
単純接触効果　85
知能検査　129, 140
知能指数　141
注意欠如／多動性障害（ADHD）　57
長期記憶　15, 20, 23
超自我　121
津守式　147
TAT　135, 137
DSM-5　57, 165, 166, 172, 174, 175, 180
TST　137

定位行動　32
DV防止法　72
抵抗　115, 184
抵抗期　151
テスト・バッテリー　139
転移　115, 184
転換性障害　172
同一性ステイタス面接　38
投影法　134, 137
動機づけ　7
道具的条件づけ　4
統合失調症　169-171
同調行動　101
特性論　119
特徴抽出モデル　17
トークンエコノミー　192
トップダウン　19
ドメスティック・バイオレンス（DV）　71

な行
内因性精神病　169
内向型　125, 126
二次的就巣性　28
認知行動療法　195, 196
認知症　76
認知的バランス理論　82
認知の歪み　199, 201
認知療法　195, 199
ノルアドレナリン　160
ノンバランス関係　84

は行
把握反射　43
バウムテスト（樹木画法）　217
破瓜型　171
箱庭療法　212, 213
長谷川式簡易知能評価スケール（HDS-R）　144
パーソナリティ　50, 117
パーソナリティ・アセスメント　127
パーソナリティ観（IPT）　81
パターン認知　16, 18
発達検査　129, 147

事項索引

パニック障害　165, 166
バビンスキー反射　43
ハラスメント　63
般化　4
パンデモニアム（伏魔殿）モデル　17, 19
反復性腹痛　156
PM理論　105
PTSD　73, 155
非均衡（ノンバランス）　84
非合理的信念　198
ヒステリー　172
ビネー式知能検査　140
ヒポコンドリー性基調　210
病弊期　151
広場恐怖　166
ファシリテーター　207, 208
不安階層表　191
不安障害　163, 164, 166, 209
風景構成法　218
フォロワー　103
不登校　60
フラストレーション　8
フラストレーション・トレランス　10
フラッディング法　191
文章完成法テスト　135
分析心理学　125
文脈効果　18, 19
分離―個体化過程　179
偏差知能指数　141
防衛機制　124
防衛的帰属　94
忘却　24
ホームワーク　201
母子相互作用　31
ホスピタリズム　45
母性剥奪　44
ボトムアップ　19
ホメオスタシス　152

ま行

毎日記録　199
マインドフルネス　196
マジカルナンバー7　22

マターナル・デプリベーション　44
見捨てられ抑うつ　179
ミネソタ多面的人格目録　129
ミュンヒハウゼン症候群　150
無意識　121, 126
無条件刺激　2-4
無条件の肯定的関心　202, 204
無条件反応　2, 4
面接法　128
妄想型　171
燃え尽き症候群　114
目標達成機能　105
モーズレー性格検査（MPI）　120
モダリティ　14
モデリング　193
モーニング　79
森田神経質　211
森田療法　208, 209

や行

矢田部・ギルフォード性格検査　131
抑うつ障害　157
欲求不満　8
欲求不満耐性　10

ら行

来談者中心療法　202
ライフサイクル　41
リーダーシップ　104
リーダーシップ機能論　104
リスキーシフト　100
離巣性の動物　27
リビドー　121, 124
リミット・セッティング　181
臨床心理学の地域援助　220
類型論　118
レスポンデント条件づけ　2, 191
ロールシャッハ・テスト　135
論理療法　197

わ行

YGPI　131
悪いストレス　152

241

人名索引

あ行
アイゼンク, H. J. 119
アッシュ, S. E. 82, 101
アトキンソン, R. C. 20
ウィニコット, D. W. 216, 217
ウェクスラー, D. 141
ウォーカー, L. E. 72
ウォルスター, E. 87, 89
ウォルピ, J. 190
エリクソン, E. H. 37, 41
エリス, A. 197
オールポート, F. H. 98, 119

か行
カークホフ, A. C. 89
カートライト, D. 96, 102, 105
ガル, W. W. 174
カルフ, D. M. 212, 216
河合隼雄 212
カーンバーグ, O. 179
キャッテル, R. B. 119
キューブラー-ロス, E. 39, 78
クーン, M. H. 137
クラウス, M. H. 30
クレッチマー, E. 118, 119
クレペリン, E. 169
ケンネル, J. H. 30
コッホ, K. 217
コリンズ, A. M 26

さ行
ザイアンス, R. B. 98
サイモンズ, P. M. 50
サーヤー, S. 80
ザンダー, A. 105
シェルドン, W. H. 119
ジェンキンス, R. L. 70
シフネオス, P. E. 152

シフリン, R. M. 20
ジャニス, I. L. 100
シュナイダー, K. 167
ジョーンズ, E. E. 93
スキナー, B. F. 4, 192
ストックディル, R. M. 103
スピッツ, R. A. 45
セリエ, H. 150, 151
セリグマン, M. E. P. 10
セルフリッジ, O. G. 17

た行
ダットン, D. G. 94
タルヴィング, E. 25
ドイチェ, M. 101
トールマン, E. C. 5

な行
ナイサー, U. 12
ナウンバーグ, M. 216, 217
中井久夫 218
ニューカム, T. M. 84

は行
ハイダー, F. 82, 83
バーシェイド, E. 89
バック, J. 217
パブロフ, I. P. 2
パルマー, S. E. 19, 88
ハーロウ, H. F. 30
バーン, D. 88
バーン, E. 131
バンデューラ, A. 6, 193
ピアジェ, J. 36, 54
ピーターソン, L. 22
ヒポクラテス 172
ビネー, A. 140
ビューラー, C. 39

242

人名索引

ファンツ, R. L. 28
フィードラー, F. E. 107
フェスティンガー, L. 86, 96
フォークト, O. 194
ブルック, H. 177
ブルックス-ガン, J. 34
ブレーム, J. W. 92
フレンチ, J. 102
フロイデンバーガー, H. J. 114
フロイト, S. 54, 120, 121, 124, 183
ブロードベント, D. E. 16
ベック, A. T. 199
ペティー, R. E. 90
ヘロン, W. 13
ホヴランド, C. I. 90
ボウルビー, J. 31, 44
ホーソン, N. 96
ボルトマン, A. 27

ま行

マイヤー, J. E. 174
マグレガー, D. 106
マーシャ, J. E. 38
マスターソン, J. F. 179

マースタイン, B. I. 89
マズロー, A. H. 8
マックパートランド, T. S. 137
マーラー, M. S. 179
マレー, H. A. 137
ミラー, G. A. 22
モーガン, C. D. 137
森田正馬 208

や行

ユング, C. G. 74, 119, 121, 125

ら行

ラタネ, B. 99
ルイース, M. 34
レヴィンガー, G. A 84
レヴィンソン, D. 74
レーベンサール, H. 90
ローエンフェルト, M. 212
ロジャーズ, C. R. 111, 202-204

わ行

ワラッチ, M. A. 99

執 筆 者

(執筆順)

吉武　光世（よしたけ　みつよ）〔編者〕／担当：1, 4-1～5(1)～(5), 6(1)(3), 7～9, 6, 7, 9-3, 10 章
元東洋学園大学教授。臨床心理士。
東京大学文学部心理学科卒業，法務省入省。法務技官として非行少年の診断，鑑別業務に従事。1973 年南イリノイ大学　犯罪・非行・矯正研究所留学。2002～2013 年東洋学園大学人文学部教授。主要著書：『やさしく学べる心理療法の基礎』（共著・培風館），『こころを見つめるワークブック』（編者・培風館）他。

山﨑　洋史（やまざき　ひろふみ）／担当：2, 5, 9-4 章
仙台白百合女子大学教授，博士。臨床心理士。総務省消防大学校客員教授。
東京学芸大学教育学部卒業・同大学院修士課程修了，東京海洋大学大学院博士課程修了・Ph.D 取得。学生相談，スクールカウンセリング，産業カウンセリングに従事し，教育心理学を専門とする。主要著書：『青年期食行動異常と認知行動的セルフモニタリング』（学文社），『学校教育とカウンセリング力』（学文社）他。

窪内　節子（くぼうち　せつこ）／担当：3, 8, 9-1, 2, 7, 8, 9 章
山梨英和大学名誉教授（博士）。臨床心理士。青山メンタルヘルス代表。日本学生相談学会監事。
横浜国立大学教育学部卒業，国際基督教大学大学院博士前期課程修了，名古屋大学大学院博士後期課程修了・博士（心理学）取得。学生相談に従事し，SC，病院，開業心理相談室にも勤務。主要著書：『やさしく学べる心理療法の基礎』（共著・培風館），『やさしく学べる心理療法の実践』（編著・培風館），『学生相談から切り拓く大学教育実践』（監修・学苑社）他。

岩瀧　大樹（いわたき　だいじゅ）／担当：4-5(6)(7), 6(2) 章
立教大学文学部教授。臨床心理士，学校心理士，ガイダンスカウンセラー。
昭和女子大学大学院生活機構研究科生活機構学専攻博士後期課程満期退学。国公立中学校での教員，公立小中学校でのスクールカウンセラーなどを経て現在に至る。主要著書：『医療と福祉のための心理学―対人援助とチームアプローチ』（分担執筆・北樹出版），『教育臨床と心理学―支える・学ぶ・教えるを科学する』（学文社）他。

平澤　孝一（ひらさわ　こういち）／担当：9-5, 6 章
亜細亜大学非常勤講師，日本大学本部学生支援センター非常勤カウンセラー。臨床心理士，大学カウンセラー，公認心理師。
亜細亜大学経営学部卒業。亜細亜大学学生相談室勤務。2001 年日本学生相談学会実践活動奨励賞受賞。2006 年東洋大学大学院文学研究科教育学専攻博士前期課程修了。
主要著書：『日精研双書 3　日精研における佐治先生』（分担執筆・日本・精神技術研究所）他。

(所属表記は 2022 年 10 月時点)

新・はじめて学ぶ　メンタルヘルスと心理学

2017年4月5日　第1版第1刷発行
2024年9月20日　第1版第6刷発行

編著者　吉武　光世

発行者　田中　千津子

発行所　株式会社学文社

〒153-0064　東京都目黒区下目黒3-6-1
電話　03（3715）1501（代）
FAX　03（3715）2012
https://www.gakubunsha.com

©M. Yoshitake 2017　Printed in Japan

印刷所　新灯印刷（株）

乱丁・落丁の場合は本社でお取替えします。
定価はカバーに表示。

ISBN978-4-7620-2698-0